Sylvain Montmory

L'IA AU SERVICE DU MARKETING

Apprendre à maîtriser ChatGPT, Midjourney et Dall•E pour booster son business

DUNOD

Suivi éditorial : Laure Duclaud
Couverture : Violette Eckmann
Fabrication : Martine Pierron
Mise en pages : Nord Compo

NOUS NOUS ENGAGEONS EN FAVEUR DE L'ENVIRONNEMENT :

Nos livres sont imprimés sur des papiers certifiés pour réduire notre impact sur l'environnement.

Le format de nos ouvrages est pensé afin d'optimiser l'utilisation du papier.

Depuis plus de 30 ans, nous imprimons 70 % de nos livres en France et 25 % en Europe et nous mettons tout en œuvre pour augmenter cet engagement auprès des imprimeurs français.

Nous limitons l'utilisation du plastique sur nos ouvrages (film sur les couvertures et les livres).

11 rue Paul Bert, 92240 Malakoff
www.dunod.com

ISBN : 978-2-10-087014-1

Sommaire

Contributeurs

Merci à tous les experts et expertes qui ont accepté de partager leurs visions et expériences à travers des interviews et des contributions. Ces passionnés, rencontrés au fil de ma carrière ou découverts sur Internet, ainsi que les auteurs dont les œuvres peuplent ma bibliothèque, ont grandement contribué à l'enrichissement de ma réflexion et de ce livre.

Fernanda Arreola, professeure de stratégie, d'innovation et d'entrepreneuriat à l'ESSCA.

Asokan Ashok, PDG d'UnfoldLabs, spécialisé dans les technologies mobiles et cloud, classé parmi les « 50 meilleurs leaders d'opinion et influenceurs mondiaux sur l'entrepreneuriat 2023/CRM » de Thinkers360.

Nicolas Babin, entrepreneur, spécialisé dans l'innovation et les technologies numériques. Il a notamment été directeur chez Sony Europe de la robotique et du marketing produit et a participé au lancement d'AIBO, le premier robot destiné au grand public. Auteur du livre *Le chien qui parlait* paru en 2021. Classé au Top 50 des leaders d'opinion et influenceurs mondiaux sur l'IA 2023 – Thinkers360.

Alexandra Bensamoun, professeure de droit à l'Université Paris-Saclay, membre de la Commission interministérielle de l'intelligence artificielle.

Pauline Boedels, DG de l'Agence 79 (groupe Havas). Prix de la progression au prix de l'Agence Media de l'année 2023.

George Boretos, fondateur et PDG d'IA @ FutureUP, concepteur d'applications d'IA pour l'optimisation des prix. Reconnu parmi les dix principaux leaders d'opinion en Predictive Analytics Top 50 en IA par Thinkers360.

Luc de Brabandere, philosophe d'entreprise, spécialisé en sciences cognitives, Fellow du BCG Henderson Institute, enseignant. Auteur de *Petite Philosophie des algorithmes sournois*, paru en 2023 chez Eyrolles, et d'une vingtaine d'autres livres.

Bertrand Braunschweig, chercheur et consultant, expert en IA, coordonnateur scientifique du programme Confiance.ai, ancien président de l'Association française pour l'IA (AfIA), et ancien coordinateur, au sein de l'INRIA, du Plan national de recherche en IA.

Frédéric Canevet, spécialiste en *growth hacking*, co-auteur de *Le Growth Hacking. 8 semaines pour doubler le nombre de vos prospects*, paru en 2020 chez Dunod.

Raja Chatila, professeur émérite d'IA, de robotique et d'éthique à Sorbonne Université, membre du groupe d'experts européen sur l'IA de 2018 à 2020.

Flavien Chervet, entrepreneur, conférencier sur l'IA générative et la créativité, auteur de *Hypercréation*, paru en 2023 et *Hyperprompt*, paru en 2024 aux Éditions Nullius in Verba.

Sydney Chiche-Attali, avocat spécialisé en propriété intellectuelle au Barreau de Paris et auteur du livre *Guide juridique du numérique*, paru en 2023 chez ENI.

Matthieu Corthésy, pionnier en *prompt engineering* avec plus de 30 000 abonnés sur LinkedIn et plus de 300 000 vues sur YouTube. Auteur de *ChatGPT en entreprise*, paru en 2023 chez Diateino.

Cyril Coste, expert international en transformation numérique, régulièrement cité parmi les 100 meilleurs influenceurs mondiaux par Onalytica.

Benjamin Dehant, designer & content creator spécialisé en AI et *design thinking*.

Jean-Baptiste Delame, head of SEO chez Arkée, éditeur du blog du gravel.

Lucie Dhorne, experte en innovation pédagogique.

Samuel Durand, speaker et auteur des documentaires « Work in Progress ».

Hugues Ferreboeuf, entrepreneur, conférencier, membre de The Shift Project et advisory board member de l'European Green Digital Coalition.

Jean-Gabriel Ganascia, informaticien, philosophe, professeur à la Sorbonne et à l'Université Pierre-et-Marie-Curie, président du comité d'éthique du CNRS, membre de l'Institut universitaire de France. Auteur de plusieurs livres, dont *Ce matin maman a été téléchargée*, publié en 2019 sous le nom de plume Gabriel Naëj, aux Éditions Buchet Chastel.

Angélique Gérard, conseillère spéciale de Xavier Niel au groupe ILIAD, classée première au palmarès « 100 leaders de l'économie française de moins de 40 ans » par l'Institut Choiseul en 2015, parmi les 40 Françaises les plus inspirantes selon *Forbes* en 2020. Auteure de *L'Expérience client, une histoire d'émotions*, paru en 2020 chez Eyrolles.

Alain Goudey, directeur général adjoint à NEOMA.

Yann Gourvennec, expert en marketing digital, fondateur du site Visionary Marketing, co-auteur du livre référence *Le Marketing digital de @ à Z*, paru en 2024 chez Eyrolles.

Linda Grasso, experte mondiale en transformation numérique et gestion des données d'entreprise, fondatrice et PDG de DeltalogiX.

Alexandre Jost, intervenant, influenceur et fondateur de la Fabrique Spinoza, le Mouvement du Bonheur Citoyen. Membre de la commission de la présidence de la République sur l'économie positive dite Attali II. Élu #Changemakers par LinkedIn.

Luc Julia, expert international de l'IA, coconcepteur de Siri, ancien vice-président de l'innovation chez Samsung (2012-2021) et actuel directeur scientifique chez Renault. Auteur de plusieurs livres, dont *L'intelligence artificielle n'existe pas*, paru en 2019 chez First.

Delphine Le Serre, fondatrice d'EdHu2050 et enseignante à HEC Montréal. Apparaît dans le Top 20 des femmes qui font bouger les lignes en EdTech de *Forbes*.

Artus de Longuemar, expert mondial en leadership collaboratif et cofondateur de Proudly, le coach virtuel qui augmente la productivité du management.

Émilie Marquois, experte dans le domaine des réseaux sociaux, influenceuse B2B (certifiée ARPP) et membre de La Brigade du Web.

Vincent Montet, directeur-fondateur du MBA spécialisé Digital Marketing & Business.

Paul Mouginot, alias aurèce vettier, artiste, ingénieur et entrepreneur. Cofondateur de daco.io, une entreprise d'IA acquise en 2018 par Veepee, et impliqué dans des projets novateurs tels que stabler.tech, aurèce vettier et bem.builders, il jette des ponts entre les mondes des données, de la mode et de l'art.

Thierry Murat, auteur de bandes dessinés ; créateur de la première bande dessinée avec une IA, *Initial A*, parue en 2023 chez Label Log Out.

Loïc Plé, directeur de la pédagogie à l'IÉSEG School of Management.

Thibault Rabeux, créateur de la chaîne YouTube « Les tutos Midjourney », qui compte 13 600 abonnés.

Yannig Raffenel, président d'EdTech France.

Rémi Rostan, créateur du magazine *LHC* réalisé avec l'IA.

Mathilde Saliou, journaliste et auteure du livre *Technoféminisme*, paru en 2023 chez Grasset.

Laura Sibony, enseignante à HEC & Sciences Po, auteure de *Fantasia : Contes et légendes de l'intelligence artificielle*, paru en 2024 chez Grasset.

Samy Snider, UX designer chez CosaVostra.

Nadia Vincent, consultante et conférencière, classée parmi les 10 meilleurs leaders d'opinion mondiaux en matière de transformation numérique, d'IA, d'innovation, de continuité des activités et de leadership par Thinkers360. Auteure de plusieurs livres, dont *Leveraging Digital Transformation*, paru en 2020 chez Aviva Publishing.

Préface

Et alleeeeezzzzz !! Une ré-vo-lu-tion technologique de plus pour le marketing ! Depuis l'irruption de ChatGPT le 30 novembre 2022, le petit monde du market' ne semble plus tourner de la même façon. Tout est bousculé, l'agitation est palpable, et tous les départements marketing se posent la question de savoir comment se servir efficacement de ces iA[1].

Pourtant, le marketing n'en est pas à son premier bouleversement. Je crois même pouvoir affirmer que c'est la fonction de l'entreprise (si on exclut la DSI) le plus régulièrement confrontée à des vagues technologiques qui la transforment de façon plus ou moins profonde. Cette constante réinvention fait d'ailleurs partie intégrante de l'ADN du marketeur.

En effet, depuis la fin des années 1990 et la vague des premiers sites web, le déferlement est incessant : réseaux sociaux (un, puis deux, puis cinq…), digital, CRM, personnalisation, omnicanal, moteurs de recommandation, blogs, contenus, influence, automatisation, *inbound*… et la liste est encore longue ! En 2016, Brad Jakeman, alors *global beverage group president* de PepsiCo, résumait bien la situation : « Pour (…) Pepsi, il était suffisant de produire quatre contenus par an pour la télé. On passait huit mois de préparation et on dépensait 1 million de dollars par film. Désormais ces quatre contenus sont devenus 4 000 et les huit mois sont devenus huit jours, puis huit heures… et les budgets n'ont pas augmenté. » Cette phrase montre à elle seule l'accélération et le changement radical des pratiques marketing induits par les technologies.

En outre, ce que ne dit pas cette citation, c'est que nous sommes passés dans le même temps de l'ère du marketing de masse à celle du marketing personnalisé. Dans la première, les publicités télé de

1. J'ai deux petites coquetteries… d'une importance primordiale : 1) j'utilise un « i » et non un « I » pour marquer le fait que l'intelligence des iA est bien minuscule par rapport à leur caractère artificiel, et 2) j'emploie le pluriel pour marquer le pluralisme des iA face à la croyance d'une entité unique et omnisciente parfois relayée dans les médias.

Pepsi étaient suivies par des millions de téléspectateurs à travers le monde, qui voyaient tous le même contenu, quels que soient leur âge, leur catégorie socioprofessionnelle et leurs goûts. Il n'y avait aucune différenciation. Alors que dans la nouvelle ère, les 4 000 contenus produits par les équipes de Pepsi sont totalement personnalisés ! Chaque cible est précise, tranchée au laser des données client et des traces numériques que l'on sème partout où l'on passe. Chaque cible est adressée sur son canal de prédilection, qu'il soit physique ou numérique, sur les réseaux ou par mail. Chaque cible reçoit un message, un contenu qui lui est dédié. Cette omniprésence ubiquitaire est le signe d'un marketing tourné vers l'omnicanalité au service de la sacro-sainte expérience client.

Mais alors qu'on n'a pas encore totalement digéré ces sujets, voilà qu'un *tsunami* nous tombe dessus sans crier gare : les iA ! Pourtant, elles ne datent pas d'hier : il en existe depuis plus de 20 ans dans l'écosystème marketing. Aucun clic sur un site web, aucune commande e-commerce, aucune campagne e-mail ne peuvent être réalisés sans déclencher des algorithmes. La révolution des iA a donc en réalité déjà eu lieu. Mais si l'iA existe depuis 20 ans, alors pourquoi toute cette agitation ? Pourquoi le monde semble-t-il avoir changé depuis la sortie de ChatGPT ? Pourquoi tous les marketeurs autour du globe se demandent-ils soudainement ce qu'il faut faire avec les iA ?

La grande nouveauté, c'est qu'on a basculé du règne des iA omniprésentes mais silencieuses à celui des iA tonitruantes ! Tandis que les iA prédictives étaient tapies dans l'ombre des applications et processus, les iA génératives telles que ChatGPT et consorts se révèlent expansives. Elles s'expriment au travers de *chatbots* voire de *voicebots*, elles nous parlent de façon tout à fait cohérente et sont même capables de faire preuve d'une certaine forme de créativité.

Pour le marketing, cela change tout ! Que ce soit en B2B ou en B2C, du marketing stratégique au marketing produit, du marketing opérationnel au marketing d'influence, les iA impactent toutes les pratiques. Depuis l'arrivée d'Internet, aucune innovation n'a autant ni si rapidement changé la donne. Si l'adoption par le grand public a battu tous les records (ChatGPT a atteint 100 millions d'utilisateurs en moins de deux mois, quand il en aura fallu neuf à TikTok, qui détenait jusqu'alors le record), son déploiement dans l'entreprise se fait aussi à une allure vertigineuse.

Le premier facteur de cette adoption accélérée, c'est la disponibilité immédiate et pour tous d'iA génératives pré-entraînées ultra puissantes. C'est ainsi qu'elles peuvent traiter une multitude de sujets, depuis les recettes de cuisine à la stratégie de marque, en passant par la rédaction de mails. Elles génèrent des images, du son et même de la vidéo. Elles peuvent singer notre style rédactionnel et notre façon de parler pour produire des contenus plus vrais que nature. Et tout cela, avec un accès facilité par le cloud, sur abonnement ou avec un paiement à l'usage, ce qui permet une utilisation simple, directe et immédiate sans investissement lourd.

Le deuxième facteur, c'est leur capacité à gérer la complexité. Analyse d'informations, personnalisation, assistance sur des grands corpus de documents, traduction, détection d'anomalies... Les usages potentiels sont infinis et répondent à des situations complexes, multifactorielles, comme on en rencontre au quotidien dans tous les services marketing.

Le troisième facteur, c'est qu'elles portent des promesses de gains inédits pour les personnes et pour l'entreprise. Au niveau personnel, pour améliorer les méthodes de travail, faire accomplir aux iA les tâches qui nous semblent les moins intéressantes et gagner globalement en productivité ; au niveau de l'organisation, pour créer de nouveaux services, transformer les processus et les modes de collaboration et *in fine* dégager de la valeur.

Mais il ne faut pas céder aveuglément à l'euphorie ! Prenons garde ! Les iA présentent des limites et des risques inhérents à leurs usages qu'il ne faut pas négliger. Vous avez certainement entendu parler des « hallucinations », ces erreurs des iA génératives ; imaginez que ces petites ou grosses bêtises se glissent dans une communication destinée au client, pour lui octroyer une promotion qui n'existe pas ou le guider vers la procédure de résiliation au lieu de celle de l'achat rebond... Cela peut causer des dégâts sur l'expérience client.

Vous ne pouvez pas non plus ignorer les biais, ces mauvais reflets de la part numérisée de notre société qui menacent de reproduire, amplifier, et donc perpétuer les discriminations et inégalités. Imaginez que soient octroyés systématiquement des montants de crédit plus élevés aux hommes qu'aux femmes, ou que seuls des produits bas de gamme soient proposés aux habitants de banlieues défavorisées. Cela vous semble gênant ?

On ne peut pas omettre dans cette macabre liste la possibilité de détournement des iA par des personnes voulant nuire à la réputation des marques. Les hypertrucages (*deepfakes* en anglais) sont à la portée de tous les hackeurs et deviennent parfaitement indissociables de la réalité. Alors, imaginez voir fleurir sur les réseaux sociaux des images ou vidéos présentant vos produits ou votre logo totalement détournés ou traînés dans la boue…

En parlant des hackeurs, quel marketeur ne sera pas tenté d'utiliser les capacités d'hyper-personnalisation des iA pour manipuler ses clients ? Une étude a prouvé la capacité des iA génératives à être plus persuasives que l'humain lors de courts débats sur Internet[2]. Le choix des mots, le choc des algos ! Voilà de quoi raviver le vieux débat « influence *vs.* manipulation » qui agite les marketeurs depuis des décennies.

La liste des risques liés aux iA est longue, et le rapide panorama que je dresse ici est bien évidemment non exhaustif, mais comment ne pas tenir compte de ces facteurs ? Même si la réglementation encadre certains de ces risques, en prendre conscience, apprendre à les connaître et tenter de les maîtriser sont essentiels pour créer une valeur durable par une approche responsable et éthique des iA au marketing.

Finalement, si les iA font couler autant d'encre, c'est qu'elles lancent un grand défi à l'humanité. Elles nous obligent à un questionnement profond sur la nature humaine et les notions d'intelligence et de créativité. Peut-on réduire l'intelligence au QI ? Et d'ailleurs, qu'est-ce que l'intelligence ? et la créativité ? Si les iA remettent en question les qualités qui nous semblaient jusqu'alors propres à l'humain, que nous reste-t-il ?

2. « On the Conversational Persuasiveness of Large Language Models: A Randomized Controlled Trial », 21 mars 2024, Francesco Salvi, Manoel Horta Ribeiro, Riccardo Gallotti, Robert West, https://arxiv.org/abs/2403.14380

L'humanité, c'est nous, c'est chacun de nous. Derrière ce grand défi que nous lancent les iA, il y a des femmes et des hommes, il y a vous et moi, qui nous interrogeons : que faut-il faire ? S'affoler, ignorer, contester, combattre, s'adapter, évoluer… ?

Après l'expression de toute la gamme de ces émotions, il faut revenir au calme pour finalement distinguer une formidable opportunité dans l'émergence de ces nouvelles technologies. Elles bousculent l'ordre établi, mais elles nous obligent à développer de nouvelles compétences. Elles sont sources de défis et d'incertitudes, mais elles recèlent un extraordinaire potentiel d'innovation, d'efficacité et de progrès. Elles transforment en profondeur les habitudes de travail, les processus et pratiques quotidiennes du marketing, mais elles sont une occasion de nous concentrer sur les activités qui nous tiennent le plus à cœur.

C'est ainsi que chacun de nous peut devenir un centaure. Cette figure mythologique, qui allie la force et l'intelligence de l'humain à la puissance et à la rapidité du cheval, est le symbole de notre capacité à tirer parti des atouts des iA tout en préservant notre humanité. Cela ne va pas se faire en un jour : il faut comprendre, tester, rater, réessayer, progresser… et apprendre !

C'est ce chemin que Sylvain nous propose d'emprunter dans ce livre. Par une approche raisonnable et pratique, il nous guide dans la découverte et l'usage des iA pour en tirer la pleine puissance pour le marketing. C'est un voyage passionnant qui pourrait fondamentalement changer la façon dont vous exercez votre métier. Il n'y aura certainement pas de retour en arrière et ceux qui s'en saisiront le plus rapidement en tireront le plus de bénéfices.

Alors, laissez-vous guider sur le chemin des centaures !

Mick Levy
Conférencier et auteur expert data/iA
Directeur stratégie et innovation chez Orange Business

Introduction

Confortablement installé dans mon salon, je commence la rédaction de ce livre sur mon ordinateur, tout en écoutant de la musique sur Spotify[1], connecté à mon smartphone. Au cœur de cette banalité quotidienne se cache le sujet : l'intelligence artificielle, plus spécifiquement ChatGPT, Midjourney et DALL-E.

Certains moments demeurent gravés dans notre mémoire : où nous étions, ce que nous faisions et nos ressentis – comme, pour moi, le 22 décembre 2022. Ce jour-là, après avoir lu divers articles, je me connecte à ChatGPT. Un mélange d'excitation et d'appréhension s'empare de moi, évoquant la série Westworld où l'affection pour une IA, Dolores (interprétée par Evan Rachel Wood), pousse à questionner la nature humaine à travers le personnage de The Man in Black (joué par Ed Harris). Ma première interaction[2] avec ChatGPT m'a révélé l'impact que cet outil pourrait avoir sur ma pratique en marketing, offrant des opportunités et soulevant des dilemmes. Cette révolution, je la comparerai à *La Grande Vague de Kanagawa* d'Hokusai. Comme un *tsunami*, elle a déferlé sur le monde professionnel en quelques mois, nous incitant à repenser notre manière de travailler.

Pourquoi ouvrir ce livre sur une scène qui semble si banale ? Aujourd'hui, écrire sur un ordinateur tout en écoutant de la musique sur un smartphone est devenu notre quotidien. Cependant, cette simplicité cache des avancées technologiques autrefois inimaginables :

- « Il n'y a aucune raison pour laquelle un individu pourrait vouloir un ordinateur à son domicile. » (Ken Olsen au milieu des années 1970.)

1. *Que Sera* de Wax Tailor.

2. Mon premier prompt : « Je suis Sylvain Montmory, un professionnel en marketing et communication depuis plus de 20 ans et j'utilise pour la première fois ChatGPT. Peux-tu me convaincre d'utiliser ChatGPT dans mon métier ? ».

- « L'idée d'un outil de communication personnel dans la poche de chacun est une chimère, favorisée par la cupidité. » (Andy Grove, CEO d'Intel, 1992.)
- « Internet ? On s'en fout, ça ne marchera jamais. » (Pascal Nègre, alors PDG d'Universal Music, en 2001.)
- « Le modèle de souscription par abonnement pour acheter de la musique est une mauvaise piste. Les gens nous l'ont dit et répété : ils ne veulent pas louer leur musique. » (Steve Jobs en 2003.)

Initialement envisagé comme un partage de mes expériences pratiques, ce livre a évolué à travers mes échanges avec plus de 40 experts en IA, en marketing et dans de nombreux autres domaines. Ces dialogues m'ont conduit à une compréhension plus large et profonde des défis actuels du marketing et de la communication.

Cet ouvrage n'est pas un guide de prompts prêts à l'emploi, ce qui ne présenterait pas un grand intérêt. Vous n'y trouverez pas de promesse tapageuse d'améliorer votre productivité sans effort, évidemment – ce serait un mensonge. Vous n'apprendrez pas non plus à manipuler les algorithmes pour gagner de l'argent facilement, ce qui serait malhonnête. Ce livre se veut une exploration multifacette, mêlant pratiques opérationnelles, réflexions et critiques, destinées à appréhender au mieux les possibilités de l'IA, en vous donnant quelques clés pour éduquer et former votre esprit.

Alors, êtes-vous prêt à dompter la grande vague de l'intelligence artificielle ?

IA & ChatGPT : de la fiction à la réalité

Executive summary

Dans ce premier chapitre, nous nous efforcerons de :

- **Décrypter le mystère derrière les lettres de son nom** pour découvrir les capacités étonnantes et la véritable nature de ce prodige.
- **Découvrir les profils type par rapport à l'IA** pour mieux comprendre notre relation avec elle en explorant les archétypes de Robinson, Astérix, le centaure et Iron Man.
- **Apprendre à différencier les capacités réelles de l'IA** des idées souvent exagérées sur son intelligence.
- **Débattre sur les subtilités de l'intelligence** en explorant les différentes facettes de cette dernière.
- **Reconnaître les biais comme reflets du (P)FH** pour une utilisation plus éclairée des IA en comprenant comment nos préjugés se manifestent dans les technologies.
- **Être conscient des erreurs ou hallucinations possibles de l'IA** pour anticiper et gérer les imprécisions de cette technologie.

PLUS FORT QUE KYLIAN ?

Imaginez un instant un nouveau prodige suscitant plus de curiosité que Kylian Mbappé, l'étoile française du football. En 2023, un phénomène a captivé l'attention du grand public, engendrant un engouement qui a surpassé toutes les attentes sur Google…

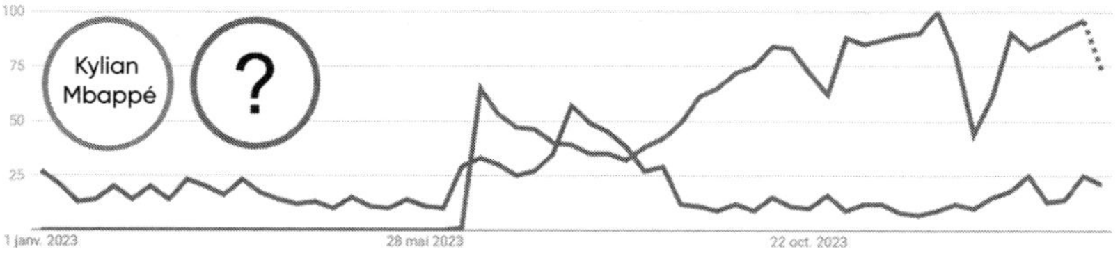

***Figure 1.1** : Comparatif sur Google Trends des recherches Google des termes « Kylian Mbappé » et « ? » en France en 2023*

Ce nouveau prodige, c'est ChatGPT. Développé par OpenAI, il ne se contente pas de transformer le marketing et la communication ; il redéfinit notre relation avec les intelligences artificielles. Si ce livre a éveillé votre intérêt, c'est sans doute parce que les promesses de l'IA ont piqué votre curiosité.

Avant de poursuivre, prenons un moment pour mieux comprendre et décrypter le mystère de ce prodige. Pour cela, décomposons son nom :

- **Chat pour le verbe anglais qui signifie « bavarder »** : souligne sa fonction principale en tant qu'agent conversationnel, capable d'entretenir des dialogues avec les utilisateurs, simulant ainsi une interaction humaine par le biais de réponses textuelles.
- **G pour « génératif »** : met en avant la capacité de générer du contenu nouveau et original. Choisir ce « G », plutôt qu'un « C » comme « créer », marque une différence clé : ChatGPT produit du contenu fondé sur l'apprentissage automatique, dénué donc de l'introspection et la conscience qui caractérisent la création humaine.

- **P pour *pretrained* (« pré-entraîné »)** : signifie que ChatGPT a été formé sur une large collection de textes avant d'être spécialisé par des ajustements supplémentaires. Cette préformation lui donne une vaste compréhension du langage naturel, servant de fondation à ses compétences conversationnelles.
- **T pour « transformer »** : désigne une technologie avancée de traitement du langage fondée sur des réseaux de neurones. Les *transformers* analysent les mots et leur contexte pour mieux en comprendre le sens, rendant les réponses plus précises et pertinentes que les méthodes antérieures.

ChatGPT est donc un modèle utilisant un vaste ensemble de données pour apprendre et générer des réponses textuelles. Cette précision éclaire sa fonction et écarte certains malentendus concernant ses capacités présumées, qui sont souvent exagérées par rapport à son objectif initial.

Pourquoi ce livre se concentre-t-il principalement sur ChatGPT, Midjourney et DALL-E ? Parce que beaucoup de professionnels se perdent en utilisant trop d'outils, perdant de vue l'essence même de leur métier. Je privilégie la maîtrise de quelques outils éprouvés plutôt que de me disperser. Si de nouveaux acteurs devaient les surpasser, j'envisagerais alors d'en changer. Après tout, une fois qu'on maîtrise la conduite d'une voiture, passer à une autre devient facile. Ma curiosité m'amène à explorer des outils comme Claude, Mistral et Gemini, reconnaissant leurs atouts spécifiques. Cependant, je reste avant tout un marketeur, et non un Shiva des outils numériques.

Se lancer avec ChatGPT est à la portée de tous, aucune compétence en informatique n'est nécessaire. En quelques minutes, créez un compte et commencez à tester la version gratuite. Si vous envisagez d'utiliser l'outil de manière plus approfondie dans votre travail, optez pour la version payante, ChatGPT +, à environ 22 euros par mois (en avril 2024). Je vous encourage également à apprendre les bases du *prompt engineering* (voir chapitre 3) pour améliorer l'efficacité de vos interactions avec les IA.

ChAIshire, mon compagnon de jeu (ma version personnalisée de ChatGPT), est inspiré du chat du Cheshire d'*Alice au pays des merveilles*. Il dialogue avec moi de manière unique, espiègle et énigmatique, augmentant sans pareil mes capacités de réflexion et créatives. J'ai ressenti le besoin de le matérialiser avec un Bearbrick[1] et de lui donner un nom pour me prémunir contre tout risque d'anthropomorphisme[2]. Parfois, ChAIshire est même victime d'hallucinations, mais c'est une autre histoire !

Alors que nous nous aventurons dans cette exploration des IA, gardons à l'esprit que, malgré ses capacités étonnantes, ChatGPT ne soulèvera jamais de Coupe du monde. Mais dans le marketing, il est déjà un *game changer*[3].

LES QUATRE ARCHÉTYPES DE L'INTELLIGENCE ARTIFICIELLE

Êtes-vous Robinson, Astérix, centaure ou Iron Man de l'IA ?

Après des mois d'observations, d'écoute et de partages, j'ai identifié quatre archétypes comportementaux qui illustrent notre relation avec l'intelligence artificielle. Avant de dévoiler ces profils, je vous invite à réaliser ce quiz :

http://dunod.link/t9or67i

1. Créé en 1999 par Medicom Toy, Bearbrick est une figurine d'ours au ventre rebondi qui sert de toile blanche pour de nombreux créateurs. Mon ChAIshire arbore fièrement mon œuvre préférée de Hokusai.

2. Attribution de traits humains à des objets ou entités non humaines.

3. *Game changer* désigne une innovation ou un événement qui modifie les règles ou les stratégies existantes dans un domaine. Exemple : l'iPhone, qui a transformé le marché des smartphones.

Chaque archétype est une approche unique vis-à-vis de l'IA et de son impact sur les compétences marketing, désignées sous le terme *skills*. Ces compétences sont notées sur une échelle de 0 à 100, offrant une analyse précise de chaque profil.

Les compétences évaluées sont les suivantes :

- **Adaptabilité** : capacité de s'ajuster aux changements, qu'ils soient technologiques ou d'autre nature.
- **Connaissance de l'IA** : compréhension approfondie et expertise en matière d'intelligence artificielle.
- **Créativité** : faculté d'innover et de penser de manière originale.
- **Éthique** : conscience des implications éthiques de ses actions et décisions.
- **Intelligence analytique** : aptitude à décomposer des données complexes et à prendre des décisions fondées sur les informations analysées.

Cette méthode de profilage, offrant une perspective ludique et réfléchie sur notre relation à l'IA, a inévitablement été influencée et biaisée par mon propre profil, que je vous laisse deviner…

Robinson : l'isolé inconscient

Robinson Crusoé, sur son île déserte, incarne une catégorie de professionnels pour qui l'IA est un concept lointain, voire totalement inconnu. « Jusqu'ici tout va bien », pourraient-ils dire, ignorant que le monde autour d'eux est en pleine mutation. Leur mantra serait : « Pourquoi s'inquiéter de l'avenir quand le présent est si confortable ? ». Ils sont les véritables Robinson de l'ère numérique, isolés non pas par la mer, mais par leur propre indifférence ou ignorance. Dans le cadre de leur métier, ils ne se sentent pas du tout concernés par les avancées technologiques, considérant l'IA comme lointaine et déconnectée de leur réalité professionnelle. Cette absence d'implication les maintient dans une bulle de confort, parfois renforcée par le fait que personne n'a pris le temps de leur expliquer correctement les enjeux de l'IA dans leur entreprise ou sphère personnelle, ou pire, qu'on leur a donné des informations erronées du type : « Cela ne vous concerne pas. » Cette désinformation peut les priver d'opportunités et d'une compréhension des transformations qui s'opèrent.

Skills card

Adaptabilité : 40. Bien adapté dans son domaine, mais réticent vis-à-vis des nouvelles technologies.
Connaissance IA : 0. N'a pas de connaissance à propos de l'IA, ou ne ressent pas d'intérêt pour le sujet.
Créativité : 60. Créatif dans son domaine, capable de trouver des solutions pour résoudre ses problèmes, champion du « système D ».
Éthique : 80. Forte éthique professionnelle et personnelle.
Intelligence analytique : 40. Bonne capacité d'analyse dans son domaine mais ne s'appuie pas sur la technologie, manque d'efficacité.

Astérix : le résistant idéologique

Astérix, ce Gaulois intrépide, symbolise une résistance farouche à l'adoption de l'IA. Le village du Gaulois est une forteresse idéologique, alimentée par des mythes et des malentendus. « L'IA va prendre mon emploi », « L'IA fait des erreurs », « l'IA, c'est comme le Metatruc, ça va faire pssschit ! », « je ne vais quand même pas discuter avec une machine », « l'IA va utiliser mes données pour m'espionner » sont des refrains communs, et la liste ne s'arrête pas là. Ces réticences rappellent celles observées lors de l'arrivée de l'informatique, puis d'Internet et des réseaux sociaux, marquées par la peur et le scepticisme. Leur potion magique ? L'ignorance volontaire. Ils n'ont souvent jamais essayé l'outil, ou s'ils l'ont fait, ils se sont arrêtés à la moindre approximation, comme si cela était un affront à leur intelligence.

Skills card

Adaptabilité : 40. Capacité limitée à s'adapter à de nouveaux paradigmes, mais peut évoluer dans son cercle social et traditionnel.
Connaissance IA : 20. Connaissance limitée et souvent biaisée de l'IA.
Créativité : 20. Rencontre des difficultés à sortir de sa bulle et à se remettre en question.
Éthique : 70. Conscient des implications éthiques, mais sa vision peut être limitée ou biaisée par ses propres perceptions.
Intelligence analytique : 50. Bonne capacité d'analyse dans son domaine, mais ses préjugés peuvent affecter son jugement.

Le centaure : l'équilibriste philosophique

Le centaure[4], créature hybride de la mythologie grecque, symbolise ici l'équilibre parfait entre l'humain et la machine, incarnant les pionniers d'une IA éthique et responsable. Prêts à s'adapter aux évolutions de leur environnement, ils perçoivent l'IA non comme une menace, mais comme un outil utile et un prolongement de leur intelligence, toujours guidé par la sagesse humaine. Le centaure incarne l'hybridation de notre monde, qui se manifeste dans des domaines aussi variés que le télétravail, les moyens de transport et les smartphones, utilisés pour prendre des photos, filmer, jouer, naviguer sur Internet, consulter les emails, faire des visioconférences et accessoirement… pour téléphoner. Échappant souvent aux catégories traditionnelles et fréquemment mal compris dans les entreprises, il allie intuitivement la créativité et l'empathie humaines à la précision, l'analyse et la rapidité des technologies. Cependant, il choisit délibérément de ne pas exploiter toutes les capacités de l'IA, préservant ainsi un équilibre entre le progrès technique et le respect des valeurs humaines.

4. Le centaure est une créature moitié homme et moitié cheval (corps de cheval, buste et tête d'homme). Chiron, le plus renommé des centaures, se distingue par son immortalité et sa grande sagesse, ayant été le mentor de nombreux héros de la mythologie grecque.

Skills card

Adaptabilité : 85. Très adaptable, tant dans son domaine que face aux nouvelles technologies.
Connaissance IA : 70. Compréhension avancée de l'IA et de ses applications pratiques, mais définit des limites à ne pas franchir comme l'automatisation.
Créativité : 75. Très créatif, utilise l'IA pour nourrir et améliorer ses idées.
Éthique : 80. Très sensible aux questions éthiques, tant dans son domaine que dans l'utilisation de l'IA.
Intelligence analytique : 80. Excellente capacité d'analyse, enrichie par l'utilisation de l'IA. Cependant, il s'impose des limites à son usage pour des raisons éthiques, pouvant limiter son efficacité.

Iron Man : le fusionné ambigu

Iron Man, ce génie milliardaire incarné par Tony Stark, représente ceux qui ont intégré l'IA comme une extension d'eux-mêmes, mais pas toujours pour le bien commun. Ce profil pousse à l'extrême l'utilisation de l'IA, flirtant souvent avec des limites éthiques. Ils sont les visionnaires qui voient dans l'IA une opportunité de transcender nos limitations humaines et croient souvent que les machines sont plus intelligentes que la plupart des humains. Cette conviction peut servir leurs propres intérêts, qu'il s'agisse de profit, de pouvoir ou de prestige, souvent motivés par la loi du moindre effort. Néanmoins, le chemin d'Iron Man comporte des écueils. Aveuglé par sa confiance dans les machines, il perd progressivement son esprit critique à mesure qu'il délègue de plus en plus de responsabilités à l'IA. Dans ce processus, l'humain devient un paramètre de la machine, appauvrissant ainsi ses propres capacités.

Skills card

Adaptabilité : 50. Extrêmement adaptable technologiquement, mais cette dépendance à l'IA réduit sa capacité d'adaptation émotionnelle et sociale. Préfère les interactions technologiques aux échanges humains, comme envoyer un e-mail au lieu de discuter.
Connaissance IA : 90. Expertise de pointe en IA.

Créativité : 50. Bien qu'il soit innovant, sa créativité repose de plus en plus sur l'IA, réduisant sa propre contribution créative.
Éthique : 20. Il considère l'efficacité comme prioritaire, souvent au détriment des considérations éthiques liées à ses actions.
Intelligence analytique : 85. Compétent dans l'analyse mais sa confiance dans l'IA peut éroder sa capacité de jugement critique.

Ces archétypes ne sont pas des cases rigides dans lesquelles nous devons nous enfermer. Ils agissent plutôt comme une photographie qui capture notre propre rapport à cette technologie à un instant T. Peut-être vous reconnaissez-vous dans l'un d'entre eux, ou peut-être êtes-vous en transition, cherchant encore votre place dans cette nouvelle réalité. L'important est de vous poser la question : où vous situez-vous dans cette évolution continue qu'est l'IA, à cet instant particulier ?

Une fois que vous aurez tourné la dernière page de ce livre, je vous invite à faire un nouveau quiz. Cela vous donnera l'opportunité de mesurer si votre archétype a évolué au fil de votre lecture !

Un centaure de la BD

Une nouvelle éclate sur mon fil d'actualité : « La première BD entièrement dessinée par une IA ! » Intrigué, je contacte l'artiste derrière ce « blasphème ».
Thierry Murat, auteur de BD chevronné, redécouvre l'un de ses manuscrits précieusement gardé : « C'est une réinterprétation d'Alice qui passe derrière le miroir. Un récit graphique en forme de conte philosophique où les clins d'œil discrets à Lewis Carroll et à la culture SF s'entremêlent pour raconter la déliquescence d'un monde trop connecté, trop algorithmé, en bout de course, l'histoire d'un monde à réinitialiser… » Et quoi de mieux pour servir cette dystopie que Midjourney, cet outil « venu du futur » ? Un contrat d'édition est signé fin 2022 pour la BD, intitulé « initial_A ». L'éditeur annule la publication à la dernière minute en avril 2023. Murat, ému, déclare : « C'est comme une censure, une attaque à mon intégrité d'auteur. » Après l'autopublication,

un emballement médiatique s'ensuivra, déclenché par une dépêche de l'AFP : « BD entièrement dessinée par une IA ».
Cette histoire nous dévoile les intrications complexes de la création et de l'IA. Oui, des images ont été générées par Midjourney, mais à partir du scénario de Murat, de son univers graphique, de sa culture et de ses prompts minutieusement élaborés. Il s'agit d'une démarche humaine explorant un nouvel outil, l'IA, dans une démarche créative : un véritable centaure de la BD.
« Ce qui m'intéressait, c'était de tester la machine et de sonder le fondement des craintes qui se propagent dans le milieu artistique. Et elles sont bien fondées car cette machine a la capacité de "singer" le style humain », conclut-il.
La vraie question demeure : sommes-nous en présence d'une œuvre d'intérêt ? N'étant pas un expert en BD, je l'ai soumise à des bédéphiles pour avoir leur avis. Leur verdict ? L'œuvre se positionne dans la moyenne haute. Je vous invite à plonger dans son univers et à forger votre opinion (https://www.logout-edition.fr/). Après tout, la BD elle-même a évolué, passant des crayons à papier aux « crayons numériques » pour certains auteurs ; pourquoi pas assistée et augmentée d'une IA ?
Ce récit agit comme un miroir, capturant à la fois nos angoisses et nos espoirs au sein d'une société transformée par l'IA. Tout comme moi, face aux IA, Thierry Murat se situe à l'intersection de la peur et de la fascination. Il symbolise les défis d'un centaure à cohabiter au sein d'un village gaulois peuplé d'Astérix !

ENTITÉ VRAIMENT INTELLIGENTE OU SIMPLE « PERROQUET APPROXIMATIF » ?

Dans les médias, les titres alarmistes et les déclarations sensationnelles se sont succédé, faisant de l'IA soit le sauveur de l'humanité, soit sa prochaine grande menace, ou tout simplement un « perroquet approximatif »[5], selon les mots de Jean-Noël Barrot, ministre délégué chargé de la transition numérique.

Dans ce contexte de « *tsunami* médiatique », distinguer le réel du simple fantasme est difficile et s'apparente à déchiffrer le film *Tenet* de Christopher Nolan : chaque réponse semble n'ouvrir que de nouvelles questions. Est-ce que l'IA est vraiment aussi « intelligente » qu'on le prétend, ou s'agit-il d'un concept romantique sorti tout droit de l'esprit de Christopher ?

C'est lors de la conférence à Dartmouth College en 1956, portée par John McCarthy et Marvin Minsky, que le nom d'*artificial intelligence* a vu le jour, symbolisant la capacité d'une machine à imiter les compétences cognitives humaines.

IA ≠ AI

La nuance linguistique entre « IA » en français et « AI » en anglais cristallise certaines crispations en France. Comme le souligne le philosophe Étienne Klein[6] :

« L'expression "intelligence artificielle" nous vient de l'anglais. Or, le mot *intelligence* n'a pas exactement le même sens en anglais qu'en français. Dans la langue de Shakespeare, il désigne la capacité à analyser des données et à traiter des informations. En français, sa signification est beaucoup plus vaste, puisqu'elle inclut de surcroît la capacité à argumenter, à construire une méthode, à créer des concepts, à élaborer une pensée critique… L'intelligence au sens français du terme se traduirait plutôt en anglais par *cleverness* ou *smartness*, voire par *imagination*. »

Yann Le Cun[7], figure emblématique de la recherche en IA :

« On a l'impression que ces systèmes sont intelligents, mais en fait, ils n'ont pas le type d'intelligence qu'on constate chez les humains.

5. Interview sur Franceinfo le lundi 20 février 2023, https://tinyurl.com/jnb-ia

6. Article « Intelligence artificielle : faut-il avoir peur du Terminator ? », https://tinyurl.com/termiator

7. Entretien France Inter, 12 avril 2023, https://tinyurl.com/yann-ia

Ils sont capables de manipuler la langue et ça nous donne l'impression qu'ils sont intelligents, mais c'est une intelligence très superficielle. »

Poussé par ma curiosité, je décide d'envoyer un message à Aurélie Jean[8], éminente scientifique numéricienne spécialisée dans les algorithmes. Je lui pose la question : « Pourquoi "algorithme" plutôt que "intelligence artificielle" ? ». Elle répond sans détour :

« Le mot IA n'explique pas de quelle intelligence on parle. Alors qu'il y a plusieurs types d'intelligences selon la théorie triarchique de Robert Sternberg : analytique (ce que la machine maîtrise), émotionnelle et créative (ce que la machine ne maîtrise pas), et pratique (le bon sens, ce que la machine ne maîtrise pas). Le mot IA est trompeur, je préfère parler d'algorithmes qui sont entraînés ou calibrés sur des jeux de données, et qui tournent sur des données. »

Pour comprendre l'étendue des intelligences, il est judicieux de se tourner vers d'autres théories, telles que celle des intelligences multiples de Howard Gardner, analysée par Bruno Hourst[9]. Elle distingue huit types d'intelligence : visuelle/spatiale, musicale/rythmique, verbale/linguistique, logique/mathématique, corporelle, naturaliste, interpersonnelle, et intrapersonnelle, élargissant ainsi notre perception des capacités humaines. « Changez votre regard, et là tout peut changer. »

Le débat sur l'IA a évolué, dépassant la métaphore du « perroquet approximatif », mais la question suivante demeure…

8. « Les algorithmes font-ils la loi ? » par Aurélie Jean.

9. Conférence TEDx Talks, https://tinyurl.com/hourst

Une machine peut-elle penser ?

TÉMOIGNAGE

Jean-Gabriel Ganascia

Dire qu'une machine comme ChatGPT est intelligente n'a aucun sens. Et d'ailleurs, ChatGPT raconte énormément de bêtises. Indépendamment de cela, il n'est pas conçu pour « penser » au sens humain du terme. Sa spécialité réside dans le langage naturel, dans l'expression verbale et le dialogue. Est-ce que cela le rend intelligent ? Pas vraiment. Nous connaissons des personnes très bavardes qui ne sont pas nécessairement intelligentes. C'est comme un perroquet qui répète ce qu'il entend ; cela ne signifie pas qu'il est stupide, mais ce qu'il répète n'est pas « intelligent ».

Quand on parle de ce que signifie penser pour une machine, il faut se tourner vers Alan Turing, un mathématicien central dans ce domaine. Il a établi en 1936 les fondements théoriques de l'informatique avec les machines de Turing. Le premier ordinateur électronique programmable est apparu en 1946. Turing s'est alors demandé si ces nouvelles machines pouvaient penser.

Il a exploré cette idée avec différentes « épreuves », par exemple la traduction, les jeux, la cryptographie. L'expérience qu'il décrit dans son article de 1950, et que l'on a appelée depuis « test de Turing », évalue si une machine peut imiter un être humain dans une conversation.

Le scénario est le suivant : un interrogateur communique par messages textuels avec un homme et une femme. Dans un premier temps, l'homme imite la femme et l'interrogateur doit deviner qui est l'homme, qui est la femme, en examinant les réponses à ses questions. Puis, subrepticement, à l'insu de l'interrogateur, un ordinateur remplace l'homme qui imite la femme. Si l'interrogateur ne s'aperçoit pas du subterfuge, pourrait-on dire que l'ordinateur pense ? Turing précise que cela ne relève pas de la conscience, mais de l'imitation du comportement humain. Il avait prédit (nous étions en 1950) que, d'ici à cinquante ans, les machines pourraient réussir ce test sur une durée de cinq minutes dans plus de 30 % des cas, ce qui s'est presque avéré en 2000.

Je souhaitais avoir l'avis plus philosophique de Luc de Brabandère :

« Ce qu'on appelle "intelligence" n'est pas une faculté unique, mais bien un ensemble de compétences, innées ou acquises, qui nous demande à la fois de savoir et d'ignorer, de s'émouvoir et de se détacher, de questionner et de répondre. Ces compétences sont indissociables d'étonnements, de sensations, d'intuitions, de rires. L'essence de l'intelligence est d'être humaine, et elle ne peut être artificielle. Si elle le devenait, c'est que nous aurions renoncé à utiliser la nôtre. »

IA : intelligence au singulier ou au pluriel ?

L'intelligence artificielle est un domaine d'une immense complexité. Tenter de la réduire à un simple débat binaire, tel que « pour ou contre », « bien ou mal », serait non seulement réducteur mais aussi inexact. Face à cette entité aux multiples facettes, le conte traditionnel hindou des six aveugles et de l'éléphant[10] me revient à l'esprit. Dans cette fable, chaque aveugle, touchant une partie différente de l'animal, conclut que l'éléphant est, selon sa propre expérience limitée, soit une lance, soit un mur, soit un serpent, etc. Cette histoire souligne l'importance de ne pas se limiter à une perspective unique, mais plutôt de chercher à comprendre l'IA en prenant en compte les multiples points de vue.

Au fil de mes recherches, une question récurrente revenait : devrions-nous parler d'IA au singulier ou au pluriel ? En apparence simple, cette interrogation s'avère en réalité complexe et résonne avec le conte des aveugles et de l'éléphant. Selon les experts, l'usage du singulier ou du pluriel varie : certains considèrent l'IA comme une discipline unifiée, tandis que d'autres, soulignant ses multiples applications, préconisent le pluriel pour mieux refléter cette variété. Cette divergence d'opinions illustre l'importance de ne pas se cantonner à une perspective unique.

10. Conte *Les Six Aveugles et l'Éléphant*, https://tinyurl.com/aveugles

Prenons l'angle de vue de Jean-Gabriel Ganascia :

« Il est important de clarifier qu'il n'y a pas plusieurs "intelligences artificielles" mais plutôt une discipline scientifique nommée "intelligence artificielle". Cette discipline, née en 1956 et initiée par un groupe de mathématiciens, se concentre sur l'utilisation des ordinateurs pour simuler les facultés cognitives humaines, telles que la perception, le raisonnement, la mémoire et la communication. Contrairement à ce que le terme pourrait suggérer, l'intelligence artificielle ne se rapporte pas à la création d'un esprit artificiel, mais plutôt à une meilleure compréhension de l'intelligence en la décomposant et en simulant ses différentes composantes [...].

Il est crucial de dissiper les malentendus. Par exemple, parler d'intelligences artificielles au pluriel dans le contexte de l'IA est incorrect. Lorsque Luc Julia, le concepteur de Siri, affirme que "l'intelligence artificielle n'existe pas", il souligne qu'il n'y a pas d'esprit dans les machines, seulement des modélisations. L'IA est une discipline scientifique, mais il n'y a pas d'entité à proprement parler que l'on puisse qualifier d'intelligente. Cela n'a pas de sens, et ce n'est d'ailleurs pas le but poursuivi par l'IA. »

Cependant, le philosophe Luc de Brabandere offre une perspective différente :

« Je pense que nous ne devrions pas parler de "l'intelligence artificielle" au singulier, mais plutôt des "intelligences artificielles", et même les appeler par leurs noms, comme Alexa, Watson ou ChatGPT. Chacune de ces entités représente une forme unique d'intelligence artificielle. »

Personnellement, je me positionne entre ces deux perspectives, adaptant mon discours au contexte. J'ai toutefois une préférence pour le pluriel, « intelligences », afin de refléter la diversité de ces dernières. Cette réflexion dépasse la simple question de terminologie pour nous amener à prendre du recul et à remettre en question certaines de nos certitudes.

BIAIS : REFLETS DU (P)FH

Dans chaque algorithme, chaque ligne de code et chaque ensemble de données se manifeste notre empreinte indélébile, avec nos richesses, notre complexité, nos contradictions et nos erreurs. Cette réalité nous confronte à notre contribution – intentionnelle ou non – à notre environnement incarnée par le PFH : le « putain de facteur humain » porté par Hubert Reeves pour expliquer notre inaction face aux changements climatiques. Ces biais que nous introduisons dans les IA agissent comme des miroirs, souvent grossissants, qui reflètent et amplifient nos propres images.

Dans ce livre, nous examinerons les biais spécifiques introduits par les concepteurs d'algorithmes ainsi que ceux découlant de nos interactions avec ces technologies. Focalisons-nous maintenant sur les données d'entraînement des IA. Comme le souligne Luc Julia :

« Un algorithme n'est que le reflet des données qu'il absorbe, lesquelles sont extraites de l'océan d'informations qu'est Internet. Et dans cet océan, toutes les gouttes ne sont pas pures ; certaines sont manifestement erronées, voire fallacieuses. »

Parmi les nombreux biais, examinons le biais de représentation, le biais de confirmation et le biais de vérité.

Le biais de représentation

ChatGPT s'est formé sur des données issues d'Internet. Mais sont-elles réellement représentatives ? Selon l'Observatoire[11], le chinois et l'anglais dominent le contenu Internet, représentant environ 20 % chacun, suivis de l'espagnol (8 %) et d'autres langues comme l'hindi, le russe, le français, le portugais et l'arabe (3,5 % chacun). Cette

11. https://tinyurl.com/obdilci

distribution contraste significativement avec le nombre de locuteurs natifs[12] de ces langues, soulignant une disproportion notable, surtout pour le mandarin (929 millions), l'espagnol (475 millions) et l'hindi/bengali (578 millions) comparés à l'anglais (373 millions). L'inégalité d'accès à Internet est encore plus frappante en Afrique, le deuxième continent le plus peuplé, où seulement 40 % de la population est connectée, contre 89 % en Europe[13].

Le biais de confirmation

Toutes les informations que nous lisons sur Internet ne sont pas exactes. Considérez, par exemple, l'idée selon laquelle la Terre serait plate ; étonnamment, 16 % des jeunes Français de 11 à 24 ans adhèrent à cette thèse ! Les platistes sont surreprésentés chez les jeunes, utilisateurs de services de vidéos en ligne comme YouTube (21 %), d'applications comme Telegram (28 %) ou de TikTok comme moteur de recherche (29 %)[14].

Au-delà des affirmations réfutables, le biais de confirmation se révèle être une menace plus subtile et insidieuse. Il survient lorsque les données d'entraînement favorisent certaines études ou perspectives qui, sans être explicitement fausses, sont choisies pour appuyer une hypothèse précise. Dans le cas du changement climatique, privilégier des études qui minimisent l'impact humain pourrait amener un système d'IA à sous-estimer l'urgence de la crise climatique. En orientant principalement l'IA vers une perspective qui conteste le consensus scientifique, sans offrir une vision équilibrée des recherches dans ce domaine, on introduit un biais significatif dans le traitement de l'information. Cela soulève une question cruciale : qui détient le pouvoir de définir la vérité ?

12. https://tinyurl.com/locuteur

13. Communiqué de presse de septembre 2022 de ITU, https://tinyurl.com/uitelecom

14. sondage IFOP de janvier 2023, https://tinyurl.com/rstoctoc

Le biais de vérité

« La vérité, c'est qu'il n'y a pas de vérité », disait Pablo Neruda.

Comment une IA peut-elle déterminer ce qui est vrai et ce qui ne l'est pas ? Peut-être en se fondant sur la source qui lui semble la plus fiable. Ou bien en privilégiant la réponse la plus répandue dans ses données. Ou encore en optant pour une réponse aléatoire face à l'ambiguïté... À l'instar de l'intelligence humaine, la vérité est souvent loin d'être unique, mais plutôt multiple. Prenons, par exemple, un conflit entre deux nations : chaque partie présente sa propre version des événements, sa propre « vérité » sur les origines du conflit, les actes et les conséquences. Dans ces situations, la vérité se fragmente et devient une affaire de perspective plutôt qu'une réalité tangible et objective.

Et que penser d'Elon Musk et de son « Truth GPT », qui ambitionne de créer une IA en quête de la « vérité maximale », pour « comprendre la nature de l'univers »[15] ? Est-il possible pour une IA, avec ses calculs binaires, ou pour un humain, aussi intelligent soit-il, de détenir la vérité absolue ?

Ces divers biais ont le pouvoir d'influencer, de déformer, voire de tromper les calculs de l'algorithme qui, par nature, est conçu pour être neutre. En demandant à DALL-E de générer cinq fois de suite des images représentant un assistant marketing, un directeur marketing et un développeur informatique, les résultats révèlent des stéréotypes : une assistante aux longs cheveux, un directeur en costume et un développeur au look de *geek*, tous avec des traits typiquement occidentaux et blancs.

Ces biais sont le miroir indéniable de nos propres préjugés et stéréotypes, marquant de l'empreinte du « (p... de) facteur humain » chaque calcul algorithmique. Conscients de cette réalité, il nous incombe de rester vigilants, d'exercer un contrôle rigoureux, de garder un esprit critique et d'être précis dans nos directives avec les IA.

15. Interview d'Elon Musk sur Fox News le 17 avril 2023, https://tinyurl.com/muskgpt

PARFOIS, IL HALLUCINE !

Pour comprendre les étonnantes hallucinations de ChAIshire, il faut examiner son algorithme qui prédit le prochain mot en se fondant sur les probabilités, même faibles. Avec un large accès aux bases de données textuelles, il imite les conversations humaines et, face à l'incertitude, choisit une réponse sans tenir compte de ses marges d'erreur. De plus, l'IA a la capacité d'inventer quand elle ne sait pas, révélant ainsi une certaine créativité enfantine.

OpenAI, consciente de ces erreurs potentielles, a mis en place des mécanismes de sécurité. Ces dispositifs visent à limiter les cas où ChAIshire, influencé par une faible probabilité, produit des réponses incertaines, et à éviter les sujets sensibles.

Bien que riches et variées, les données d'entraînement contiennent des erreurs et biais, rappelant que tout sur Internet n'est pas fiable ou intelligent. Ces défauts, une fois assimilés par l'algorithme, peuvent conduire à des erreurs, mettant en évidence le fait que la quantité d'informations ne garantit pas nécessairement sa qualité.

La recherche de vérité par l'IA est semée d'embûches, notamment à cause de la subjectivité de l'information. La prédominance d'une perspective dans les données peut orienter l'IA, qui produit alors des contenus reflétant ces biais – ce que nous interprétons comme une hallucination !

Les interactions entre l'utilisateur et l'IA sont également sources d'hallucinations. Des commandes ambiguës ou mal contextualisées peuvent amener l'IA à commettre des erreurs. Si elles ne sont pas corrigées par l'utilisateur ou sont renforcées par une utilisation automatisée, elles sont alors perçues par l'IA comme justes.

La prudence élémentaire nous dicte de toujours vérifier et de nous assurer de comprendre les réponses fournies par l'IA. Elle est construite sur des fondations humaines, sujettes à des inexactitudes ou à des limites. Cette propension à l'erreur, analogue à la nôtre, lui confère d'ailleurs une dimension presque humaine.

L'absence totale d'erreurs dans les IA serait en soi la véritable erreur. Leurs hallucinations nous poussent à rester vigilants, à analyser et à questionner leurs suggestions. Si cette technologie devenait parfaite, nous risquerions de sombrer inconsciemment dans une paresse intellectuelle. Cela souligne l'importance de l'erreur, nous rappelant la nécessité d'être actifs et responsables.

Chaque hallucination nous rappelle notre rôle d'êtres pensants et critiques. L'utilisation de ces technologies ne devrait pas se limiter à une poursuite aveugle de la perfection avec le minimum d'effort de notre part, mais devrait enrichir notre curiosité et notre esprit critique. Reconnaître que l'erreur, qu'elle provienne d'une IA ou d'un être humain, fait partie de tout processus d'apprentissage et de découverte.

Comme le dit Nicolas Babin, « Il faut d'abord apprendre à marcher avant de savoir courir »[16], et j'ajouterai : « … et tomber pour continuer à apprendre ».

L'ESSENTIEL

- **Rôle initial de ChatGPT : outil de discussion qui génère des réponses textuelles fondées sur de vastes volumes de données pré-entraînées, simulant des interactions humaines de manière naturelle.**
- **Les quatre archétypes comportementaux face à l'IA : Robinson l'isolé inconscient de l'IA, Astérix le résistant idéologique, le centaure équilibrant technologie et humanité, et Iron Man, fusionnant intensivement avec l'IA.**

16. Pour l'anecdote : réplique d'Iron Man à Jarvis : « Jarvis, il faut savoir courir avant de savoir marcher ! »

- **Compréhension du mot « intelligent »** : en anglais, *intelligent* renvoie à une capacité analytique et de traitement de données, tandis qu'en français, le mot fait référence à l'intelligence humaine dans sa complexité.
- **L'intelligence humaine est multiple** : l'IA imite certaines dimensions de l'intelligence humaine, principalement analytiques et logiques, mais n'a pas la capacité à ressentir des émotions ou à créer.
- **Une machine n'est pas intelligente** : les machines ne pensent pas, elles calculent. Leur capacité à simuler l'intelligence repose sur des algorithmes et des calculs, et non sur une compréhension ou une conscience humaine.
- **Reconnaître les biais comme reflets du PFH** : les IA sont le reflet grossissant des biais et stéréotypes humains, influençant les résultats et décisions. Être conscient de ces biais permet une utilisation plus éclairée et éthique des technologies IA.
- **Les IA ne sont pas toujours fiables, heureusement** : elles peuvent produire des erreurs ou hallucinations en raison de données incorrectes ou ambiguës, soulignant la nécessité de vérifier constamment leurs réponses et d'anticiper ces imprécisions.

CHAPITRE 2

Flash IA : la transformation à la vitesse de l'éclair

Executive summary

Une « symphonie des éclairs »[1] déchire le ciel de l'entreprise, chaque éclair incarnant un défi : pandémie, généralisation du télétravail, instabilités économiques, bouleversements géopolitiques, et ascension de la génération Z. Dans ce tumulte, l'IA surgit comme un coup de tonnerre dans l'entreprise en quête de solutions urgentes pour parvenir à mener à bien les actions suivantes :

- **Adopter une posture claire concernant l'usage de l'IA en entreprise**, en trouvant le juste équilibre entre transparence et responsabilité.
- **Intégrer l'IA dans l'entreprise tout en désamorçant les tensions** et en évitant l'essor des « Shadow AI » (IA clandestines).
- **Assurer que l'*upskilling* et le *reskilling*[2] deviennent des piliers**, capitalisant sur la neuroplasticité pour surmonter les défis.
- **Transformer le rôle du manager en coach**, guidant les équipes dans un environnement en constante évolution.

1. Référence à la chanson de Zaho de Sagazan, découverte pendant l'écriture de ce chapitre.

2. Ces concepts seront abordés dans le chapitre.

- **Préparer l'enseignement supérieur et les écoles de commerce** à former les futurs marketeurs augmentés par l'IA.
- **Orienter l'IA vers une transformation vertueuse** centrée sur l'humain.

Transformons les hypothèses en actions concrètes, faisant du Flash IA notre solution.

ÉTAT DES LIEUX

Dans l'écosystème des entreprises, nous retrouvons nos profils types face à l'IA : les Robinson, détachés du tumulte de l'IA et ne se sentant pas concernés, les Astérix, qui s'y opposent pour des raisons éthiques, sécuritaires ou idéologiques, les centaures, qui adoptent l'IA comme un outil complémentaire, et les Iron Man, qui l'intègrent pleinement dans leur stratégie. À l'encontre de la sagesse habituelle qui préconise que l'innovation ruisselle du sommet vers les différentes strates de l'engrenage, elle émane, ici, des tranchées opérationnelles. Les employés et cadres sur le terrain, en première ligne des défis quotidiens, sont souvent les premiers à adopter et à tirer profit de l'IA, reconnaissant les avantages de ces outils.

L'étude de Salesforce[3] menée en novembre 2023 révèle une facette intrigante sur l'utilisation de l'IA dans les entreprise. Au niveau mondial, 28 % des 14 000 travailleurs interrogés utilisent déjà l'IA générative au travail. De plus, l'étude Canva[4] révèle que 75 % des marketeurs considèrent désormais l'IA générative comme un élément essentiel de leur stratégie. Cependant, le constat le plus frappant est que plus de la moitié de ces utilisateurs le font sans l'approbation formelle de leur employeur, incarnant ainsi les Shadow AI. Dans cette révolution silencieuse, les travailleurs français sont moins nombreux à utiliser l'IA au travail (18 %), mais 58 % d'entre eux opèrent en dehors des cadres établis par leur employeur (Shadow AI), et près de la moitié

3. https://tinyurl.com/shadowai et https://tinyurl.com/shadowfrance

4. https://tinyurl.com/creativity-ia

de ces derniers emploient même des outils formellement interdits, soit trois fois plus que leurs homologues britanniques. 71 % des salariés français ont attribué à leur propre génie des travaux réalisés par l'IA, et 27 % envisageraient même d'exagérer leurs compétences en IA pour saisir de nouvelles opportunités professionnelles.

Les conséquences de cette adoption clandestine de l'IA ne sont pas négligeables. 37 % des collaborateurs français pensent que cela rehausserait leur satisfaction professionnelle, mais cette vision est tempérée par l'inquiétude que l'IA rende le marché du travail plus compétitif (43 %). De plus, 73 % des employés français déplorent l'existence de freins à l'utilisation de l'IA dans leur entreprise.

Cyril Coste met en avant deux facteurs clés dans l'adoption de l'IA :

- L'âge, avec un point de bascule autour de la quarantaine, période durant laquelle la remise en question et l'acceptation du changement peuvent se révéler plus difficiles.
- Le rôle du middle management, qui se trouve à l'intersection de ces changements. Ce groupe, souvent pris entre une méconnaissance de l'IA et les défis liés aux différences générationnelles, occupe une position particulièrement inconfortable.

Dans notre propre expérience, nous avons adopté une stratégie bifurquée. La première étape a été de sensibiliser nos équipes à l'IA, en partageant notre propre vécu et en leur donnant accès à des outils tels que ChatGPT et Midjourney. Trois mois plus tard, les résultats étaient éloquents. Les plus jeunes ont embrassé la technologie, tandis que les plus expérimentés ont montré de la réticence, n'ayant perçu qu'un intérêt partiel pour leur travail, et certains sont même restés à quai. La deuxième étape a été plus directive : « Face à un *tsunami*, il est préférable de surfer sur la vague dès le début plutôt que d'attendre de se la prendre de plein fouet. » Comment ? En les exposant à des cas concrets, en les rapprochant de collègues favorables à l'IA et en ouvrant la porte à des formations.

Quant aux chefs de projet centaures, leur compétence a atteint un tel niveau qu'ils commencent à empiéter sur d'autres domaines.

À titre d'exemple, l'un d'entre eux a créé des visuels de qualité pour un e-mailing en seulement une heure, un travail qui aurait nécessité quatre heures à un graphiste utilisant une banque de photos et Photoshop.

Nous constatons également que certains middle managers semblent hermétiques à ces changements, pensant peut-être à tort qu'ils ne sont pas concernés et sabotant inconsciemment les efforts de transformation.

Aujourd'hui, les frontières entre les métiers se diluent. Les rôles ne sont plus définis par un ensemble spécifique de tâches, mais plutôt par un management qui encourage l'hybridation et l'agilité dans le travail.

ADOPTION DE L'IA EN ENTREPRISE : ENTRE TRANSPARENCE ET RESPONSABILITÉ

L'adoption de l'intelligence artificielle est désormais incontournable pour les entreprises, qui se doivent de définir clairement leur position quant à son usage. À l'instar d'Astérix, certains optent pour une interdiction, une solution apparemment simple mais non sans risques. Cette approche favorise l'émergence de « Shadow AI » : les employés, faute de comprendre la position de leur direction, utilisent l'IA de manière clandestine. En contraste, il y a l'approche centaure qui intègre l'IA comme un outil complémentaire, nécessitant la mise en place d'une charte éthique d'utilisation. Cette charte, élaborée avec les équipes et l'aide d'un regard externe, définit clairement les conditions d'usage de l'IA dans l'entreprise. Elle inclut, par exemple, la protection des données avec l'anonymisation des informations clients. Évolutive, elle nécessite des ajustements réguliers pour répondre aux progrès technologiques, aux modifications législatives et aux évolutions des normes sectorielles.

L'adoption de l'IA dans les entreprises change leur culture, leurs valeurs et leurs stratégies. Décider d'adopter, résister ou réguler l'IA demande de bien réfléchir et de communiquer avec transparence et clarté. Il faut s'assurer que son usage bénéficie à l'entreprise et à ses employés sans nuire à leur identité.

COMMENT INTÉGRER L'IA DANS LES ENTREPRISES : UNE PHASE D'EXPÉRIMENTATION PRÉALABLE

Avant de s'élancer tête baissée dans l'IA comme pour une Roussataïo, Cyril Coste suggère de commencer par une phase d'expérimentation, un POC (*Proof of Concept*). Ce pilote, circonscrit à un projet spécifique, sert de garde-fou contre l'enthousiasme parfois aveugle.

1. Sélection de l'équipe : l'alchimie du talent et de l'expérience

Une composition hétérogène, alliant la fougue innovante des juniors à la sagesse des seniors qui connaissent les rouages de l'entreprise et peuvent anticiper les problèmes éventuels, favorise un environnement propice à l'innovation et à l'expérimentation.

2. Accompagnement : apporter un regard extérieur

L'apport d'un regard extérieur, expérimenté et neutre est essentiel pour bien orienter le projet et élargir le champ des possibles. Cependant, choisissez avec soin cet accompagnement car la jungle numérique regorge d'« experts » autoproclamés dont l'expertise se limite souvent à la manipulation des prompts, sans une véritable connaissance du domaine.

3. Définition du projet : équilibre entre ambition et faisabilité

Le projet doit être assez ambitieux pour justifier l'investissement, mais circonscrit pour limiter les risques. L'objectif doit être clair et mesurable pour permettre une évaluation objective.

4. Qualité des données : le fondement de tout succès

Les données, souvent disponibles en profusion mais rarement bien exploitées, prennent toute leur importance dans le contexte de l'IA. Leur qualité est non négociable. Si des doutes subsistent, ils doivent être résolus avant de commencer l'expérimentation. Trop de projets échouent prématurément à cause de biais dans les données.

5. Mentalité de l'équipe : un *reset* culturel

L'équipe doit être prête à « faire un *reset* » sur ses connaissances antérieures, à adopter une mentalité de centaure. Ce n'est pas un projet contre les personnes, mais une expérimentation collective pour apprendre et s'adapter.

6. Apprentissage et adaptabilité : le voyage plutôt que la destination

L'objectif du POC est davantage d'apprendre et de s'adapter que de viser un succès immédiat. La capacité à expérimenter et à évoluer prime sur une réussite rapide.

7. Leadership et transparence : les piliers de la confiance

Cette expérimentation doit avoir le soutien indéfectible de la direction et faire preuve de transparence envers le reste des collaborateurs. Prenez le temps de dissiper les doutes et les inquiétudes avant de lancer le projet.

Cette phase d'expérimentation n'est pas une fin en soi, mais un tremplin. Elle permet à la direction de s'appuyer sur l'expérience acquise par cette équipe pour légitimer un déploiement plus grand de l'IA au sein de l'entreprise.

TICKET D'ENTRÉE POUR TOUS, OU PRESQUE : LA DÉMOCRATISATION DE L'IA

Pour Cyril Coste la véritable révolution réside dans l'alliance de l'IA, du *no-code* et du *low-code*. Cette combinaison réduit significativement le ticket d'entrée pour le développement de solutions technologiques innovantes, nivelant le terrain de jeu entre les petits et grands acteurs du marché.

L'évolution inévitable du rôle de l'informatique

Évidemment, les départements informatiques ne disparaîtront pas, mais leur rôle évoluera. Ils passeront d'un statut de gardiens des systèmes d'information et de développeurs à des facilitateurs de l'innovation avec l'IA × no-code × low-code[5].

L'émergence de la micro-innovation rentable

Pour la première fois, l'innovation technologique n'est plus réservée aux grandes entreprises dotées de ressources quasi illimitées. Si vous avez une idée de génie, vous pouvez désormais la concrétiser. L'IA, associée au *no-code*, au *low-code* et à votre imagination, permet de répondre de façon rentable à des besoins de niche.

5. Le *no-code* permet de créer des applications sans coder, alors que le *low-code* autorise une personnalisation avec peu de programmation. Associées à l'IA, ces plateformes ouvrent un champ des possibles sans précédent.

Le cas de la postproduction vidéo : l'innovation accessible à tous

De nombreux outils, comme SubMagic, ont rendu le montage vidéo accessible à tous. Utilisant des algorithmes avancés, il offre des fonctionnalités telles que les sous-titres automatiques en 48 langues, nécessitant évidemment une vérification humaine. SubMagic permet également des montages vidéo enrichis de transitions et d'effets sonores, sans nécessiter de compétences techniques approfondies. Pour quelques dizaines d'euros par mois, vous pouvez non seulement économiser au moins quatre heures par vidéo, mais également éviter les coûts élevés de la sous-traitance, qui utilise souvent ces mêmes outils.

Ce que nous voyons ici, c'est une démocratisation de l'innovation technologique. Les barrières à l'entrée s'abaissent progressivement, ouvrant la voie à davantage d'acteurs pour innover. Le défi n'est plus financier, mais est une question d'ingéniosité, de créativité et de réponse aux besoins spécifiques.

NEUROPLASTICITÉ ET FORMATION : EMBARQUER DANS LA TRANSFORMATION À GRANDE VITESSE

Pour suivre cette transformation à grande vitesse (notre TGV numérique), leaders, managers et collaborateurs ressentent plus que jamais le besoin d'être bien formés.

Abordons avec Nadia Vincent les sujets de la formation et de la neuroplasticité.

L'impératif de l'évolution des compétences (*upskilling*) et la reconversion (*reskilling*)

Dans le contexte où l'intelligence artificielle exerce une influence déterminante sur les métiers traditionnels, l'*upskilling* et le *reskilling* deviennent d'une importance capitale.

L'*upskilling* représente l'augmentation des compétences existantes. Cette démarche permet aux professionnels de continuer à exceller dans leur métier même face à des mutations profondes du domaine d'activité. C'est un pont entre le présent et l'avenir d'un métier, facilitant une transition en douceur.

Le *reskilling* consiste à former des personnes pour les doter de nouvelles compétences nécessaires à un changement de métier. Il est souvent utilisé pour aider les individus à accéder à des emplois pour lesquels ils n'étaient pas initialement qualifiés, facilitant ainsi leur reconversion professionnelle.

Ces deux approches forment la base d'une culture d'entreprise axée sur l'apprentissage continu, pour maintenir l'agilité dans un marché dynamique. Investir dans l'*upskilling* et le *reskilling* des équipes est donc un appel à l'action pour les organisations souhaitant embrasser avec confiance les possibilités offertes par l'IA.

Exploiter la neuroplasticité[6] : reprogrammer nos cerveaux pour réussir la transformation numérique

Notre cerveau est naturellement prédisposé à résister au changement pour protéger l'espèce, mais également doté de la capacité de se remodeler en réponse à de nouvelles expériences. Notre instinct naturel de lutte, de fuite ou d'immobilisme peut devenir un obstacle dans le milieu professionnel où s'adapter est impératif pour rester compétitif.

Dans mon livre *Leveraging Digital Transformation*, j'explore cette dualité et la manière dont la neuroplasticité peut être un levier pour surmonter la réticence naturelle au changement. En stimulant cette plasticité à travers l'apprentissage continu, les collaborateurs peuvent transformer leur approche du changement, passant d'une menace perçue à une opportunité.

L'exploitation de la neuroplasticité révèle une réalité où le développement et l'adaptation sont incessants, remettant en question la croyance archaïque que notre développement cérébral s'arrête après l'enfance. En adoptant cette capacité d'adaptation, les entreprises peuvent encourager leurs équipes à accepter le changement.

6. Appelée aussi plasticité neuronale ou cérébrale, la neuroplasticité est un concept scientifique qui décrit la propriété des structures et des fonctions du système nerveux (nerfs et encéphale) de pouvoir s'adapter, en réponse à l'environnement, aux tâches à exécuter et aux expériences vécues. Elle est au cœur de l'apprentissage et de l'adaptation des individus.

Réinventer l'apprentissage en entreprise : créer des voies de transformation

Lorsque l'apprentissage en entreprise est réinventé et aligné sur les principes de neuroplasticité, il devient un puissant levier pour instaurer l'adoption du changement.

- Cultiver une culture d'apprentissage continu : encourager les collaborateurs à développer de nouvelles compétences stimule l'innovation et la curiosité intellectuelle.
- Personnaliser les parcours d'apprentissage : créer des formations adaptées aux préférences, au niveau d'éducation et aux objectifs de chacun renforce l'engagement. Utiliser des méthodes diverses, comme les jeux, conférences, vidéos, autoformations en ligne et formations pratiques, enrichit cette expérience.
- Développer des compétences numériques : former les collaborateurs en analyse de données ou en IA apporte une valeur considérable à l'entreprise.
- Montrer l'exemple : l'engagement des leaders dans l'apprentissage continu inspire toute l'organisation à embrasser la transformation.
- Apprendre et réapprendre : être conscient que les recettes d'hier ne sont plus suffisantes aujourd'hui, et qu'il faut toujours apprendre pour suivre les évolutions de notre secteur.

Face au TGV de l'IA, les organisations doivent mettre en place une stratégie de formation agile et complète, en commençant par le top management. L'apprentissage continu est le corollaire du changement et aide à reprogrammer l'état d'esprit des équipes.

LE MANAGER AUGMENTÉ

Henri Fayol[7] posait, il y a un siècle, les fondations du management moderne : planification, organisation, commandement, coordination et contrôle. Aujourd'hui, l'IA remet en question ces piliers, nous incitant à repenser la fonction et la position du manager. Face à cette évolution rapide et sans précédent, nous avons besoin de l'avis d'un expert reconnu en management collaboratif, ayant de l'expérience avec les zones de turbulences.

Artus de Longuemar commence par souligner comment l'IA catalyse la transformation du manager vers un rôle de coach. En allégeant la charge des tâches opérationnelles répétitives et énergivores, elle permet au manager de se concentrer sur le coaching stratégique et la coordination d'équipe. Cette évolution marque l'aube de perspectives de développement personnel et professionnel particulièrement enrichissantes, incitant à franchir les limites de nos zones de confort. C'est notre capacité à conceptualiser, à diriger avec empathie et à innover qui nous distinguera des automates.

Artus partage ensuite des applications concrètes de l'IA dans le management :

- **Amplification de l'intelligence pour l'analyse de données** : prenons l'exemple d'une équipe commerciale. Les managers devaient écouter des appels ou examiner des échanges d'e-mails pour coacher leurs équipes. L'IA, aujourd'hui, peut analyser ces interactions et fournir des recommandations instantanées fondées sur des données et des tendances, comme suggérer le timing idéal pour argumenter, répondre aux objections ou conclure une négociation. Ce processus améliore l'efficacité des équipes, en personnalisant la relation et en adaptant les méthodes de vente aux besoins spécifiques du moment.

7. Livre *Administration industrielle et générale* publié en 1916.

- **Enrichissement de l'intelligence émotionnelle et coaching personnalisé** : l'IA agit comme un miroir réfléchissant, offrant aux managers la possibilité de comprendre et de gommer leurs biais ou préjugés. Ce mécanisme favorise une gestion plus introspective et empathique dans le cadre d'entretiens ou de *feedbacks*. Par exemple, en analysant les échanges d'e-mails des collaborateurs, l'IA peut alerter les managers sur des niveaux de stress inhabituels. De plus, face à l'équilibre délicat entre le besoin d'autonomie et le désir de cadre propre à chaque génération, l'IA offre des *insights* précieux et des stratégies sur mesure, assurant une culture de travail plus inclusive. Cela permet d'améliorer les compétences interpersonnelles à travers un coaching personnalisé et de promouvoir une prise de décision collaborative.
- **Adaptation aux défis du télétravail** : le télétravail pose des défis uniques en termes de communication et collaboration. L'IA, ici, sert de pont, palliant les lacunes des interactions numériques par son aptitude à interpréter les sous-entendus et à analyser le langage non verbal, enrichissant ainsi les dynamiques de groupe. L'IA fournit les leviers pour adapter l'approche managériale afin que chaque membre de l'équipe se sente compris, valorisé et pleinement engagé.
- **Facilitation des décisions fondées sur le consentement** : l'IA aide à instaurer un modèle de prise de décision où chaque proposition est acceptée sauf si un veto est posé pour des raisons significatives. Cela permet des décisions plus rapides, fondées sur la confiance mutuelle, tout en assurant que toutes les voix soient entendues et prises en compte.

Artus exprime sa vision optimiste des applications de l'IA dans le management, affirmant que celle-ci représente non pas une menace, mais une formidable opportunité de redéfinir le management. « Elle nous pousse vers une gestion plus humaine, axée sur l'empathie, la compréhension mutuelle et l'innovation collaborative, dit-il. Plus qu'une simple évolution technologique, l'adoption de l'IA dans le management marque une révolution culturelle et humaine, nous incitant à repenser notre façon de diriger dans ce monde qui évolue de plus en plus vite. »

À l'ère de l'IA, chaque collaborateur a besoin d'un manager augmenté.

BIEN SE FORMER DÈS LE DÉPART : LE RÔLE DE L'ENSEIGNEMENT SUPÉRIEUR

Quels que soient nos parcours, nous avons été influencés par nos expériences académiques et par des mentors qui nous ont transmis leur savoir, ont aiguisé notre curiosité et façonné notre esprit critique.

Face à nos tentatives pour contacter des écoles de commerce sur l'intégration de l'IA dans leurs pédagogies, nous nous sommes pourtant heurtés à un mur de silence. Est-il dû au côté inhabituel de cette démarche, à une certaine inertie institutionnelle, ou l'IA a-t-elle créé des fissures dans le consensus pédagogique ? Il est ironique de constater que, pendant ce temps, l'IA redéfinit le marketing dans les entreprises.

Lors de ses nombreuses conférences, Alain Goudey, de NEOMA, a révélé une statistique saisissante concernant le corps enseignant : « Bien que 100 % des participants connaissent ChatGPT, seulement 8 à 10 % l'utilisent quotidiennement. » Cette révélation montre la réticence à adopter pleinement l'IA, reflétant une tendance préoccupante à maintenir le statu quo éducatif.

Yannig Raffenel, président d'EdTech, apporte une nuance critique à ce tableau : « Bien que seulement 10 % des enseignants utilisent ChatGPT, il est crucial de reconnaître que 90 % des étudiants ont déjà adopté ces technologies. » Il souligne l'urgence d'une adaptation rapide aux progrès de l'IA, mettant en garde contre le risque d'un retard majeur dans son intégration dans les curriculums éducatifs.

Fernanda Arreola, de l'ESSCA, partage sa propre expérience, révélant que « la majorité de [ses] étudiants ont déjà interagi avec ChatGPT ». Elle observe une curiosité et une volonté d'explorer chez ces derniers, qui « testent activement les limites de la technologie » et engagent des discussions éclairées sur ses applications et ses contraintes.

Vincent Montet, dirigeant le MBA Digital Marketing & Business de l'EFAP, incarne cette transition en affirmant que « l'IA n'est plus une option, mais une obligation ». Son approche immersive, complétée par une formation pratique en *prompt engineering*, prépare les étudiants à maîtriser l'IA générative. Chaque étudiant est également encouragé à rédiger une « note méthodologique », promouvant une réflexion approfondie sur l'éthique et la responsabilité dans l'usage de l'IA.

Alain Goudey envisage l'IA comme un outil d'enseignement et un partenaire d'apprentissage, capable de générer des tutoriels interactifs, des exercices d'auto-évaluation et même de fournir un accompagnement personnalisé 24 h/24 et 7 j/7 pour chaque étudiant.

Loïc Plé, de l'IÉSEG School of Management, observe une dichotomie dans l'adoption de l'IA, où certains s'adaptent aisément à cette nouvelle ère tandis que d'autres cherchent encore leurs repères. Il insiste sur l'importance de la sensibilisation et de la formation continue pour combler cet écart, envisageant un avenir où l'IA, intégrée de manière consciente dans l'éducation, enrichira le processus pédagogique tout en respectant les valeurs de l'institution. Il conclut : « Nous sommes convaincus de l'intérêt d'intégrer ces outils, mais cela ne doit pas, bien au contraire, empêcher la réflexion, au regard de l'ensemble des enjeux éthiques, économiques et sociaux qu'ils soulèvent. »

Le débat actuel sur l'IA dans l'éducation, bien qu'intense, a tendance à diaboliser ce que Sam Altman, le PDG d'OpenAI, désigne comme la « calculatrice des mots ». Rappelons-nous nos cours de mathématiques, où la démarche pour résoudre un problème était plus importante que la solution elle-même. De ce fait, nous devrions axer notre réflexion sur « comment » utiliser l'IA dans l'enseignement, d'autant plus que nous détenons un outil pédagogique révolutionnaire.

Une anecdote révélatrice : une école de commerce nous avait sollicités pour concevoir un module en e-commerce pour leurs étudiants. J'ai été surpris par l'absence de référence à l'IA dans leur programme, mais notre proposition de l'y intégrer a été rejetée sous prétexte que le programme était déjà défini, nous conduisant à refuser la collaboration. Comment envisager de former les experts de demain sans leur fournir les bons outils ? Sans une formation initiale solide, nous courons le risque de préparer une génération de professionnels susceptibles d'adopter de mauvaises pratiques, plus par ignorance que par malveillance ou paresse intellectuelle.

Sir Ken Robinson[8] écrivait dans son livre *L'Élément : Quand trouver sa voie peut tout changer* (2009) :

L'un des problèmes essentiels de l'éducation, c'est que la plupart des pays soumettent leurs établissements au modèle du fast-food au lieu d'adopter celui du guide Michelin. L'avenir de l'enseignement n'est pas dans la standardisation mais dans la personnalisation. Il ne consiste pas à favoriser la pensée de groupe et la désindividualisation, mais à cultiver profondément et avec dynamisme des talents humains de toutes sortes.

Ces mots résonnent aujourd'hui plus que jamais, à une époque où l'enseignement doit effectuer sa transformation en mode TGV.

Vision transatlantique sur l'éducation et l'IA

Delphine Le Serre remet en question les méthodes éducatives traditionnelles en proposant une vision où l'IA joue un rôle clé dans l'éducation future :

- **Évolution du rôle du « sachant » dans l'éducation** : Delphine critique l'idée réductrice qui confine le statut de « sachant » aux académiciens. « Les “praticiens-enseignants”, venant directement du terrain professionnel, sont souvent ceux qui marquent le plus leur enseignement », affirme-t-elle. Elle met en avant la nécessité de revisiter nos méthodes pédagogiques à l'ère de l'IA, préconisant

8. Sir Ken Robinson critique le système éducatif pour son effet néfaste sur la créativité des élèves. À voir ou à revoir, sa conférence TED de 2006 « L'école tue la créativité », qui reste malheureusement toujours d'actualité, https://tinyurl.com/michelineducation

une réorientation du système éducatif vers une approche plus humaine et holistique.

- **Repenser l'apprentissage à l'ère numérique** : elle met l'accent sur l'importance d'enseigner aux étudiants à penser de manière critique et à discerner, au-delà de simplement mémoriser. « Il est crucial de cultiver un individu capable de discernement », déclare-t-elle, en insistant sur l'importance de l'intelligence émotionnelle et cognitive incarnée par le cœur, ainsi que sur l'intégration de la créativité, de la perception sensorielle et du raisonnement dans le processus éducatif.
- **Confiance et éthique à l'ère de l'IA** : réfléchissant à une interaction entre journalistes et robots lors d'une conférence à l'ONU en juillet 2023[9], Delphine exprime une inquiétude profonde : « Nous sommes à un tournant… Confrontés à des machines qui "pensent" à leur manière, brouillant la frontière entre l'humain et l'inhumain. » Elle soulève l'importance du contrôle et de la vigilance face aux avancées de l'IA qui, selon elle, « remodèlent notre compréhension de l'humanité », tout en nous plongeant dans le « brouillard épais de l'inconnu ».

Delphine Le Serre plaide pour une éducation qui intègre les technologies avancées tout en restant profondément ancrée dans le développement personnel, assurant que l'avenir de l'éducation soit autant humain qu'innovant.

9. Conférence des Nations unies : https://tinyurl.com/humanoide-ia

VERS UNE TRANSFORMATION VERTUEUSE

Qui est mieux placé pour aborder le défi épineux de l'aliénation par la technologie qu'Alexandre Jost, le prophète du bonheur et du bien-être ? Il est une figure influente sur de nombreux sujets, du bien-être au travail à la notion de prospérité au-delà du PIB.

Alexandre nous dresse un portrait préoccupant du digital et de l'IA, soulignant les dérives comme les « smombies[10] », la « ringxiety[11] », le « vortex[12] », les addictions électroniques, ou le « doom-scrolling[13] ». Il met en garde : « Nous sommes à l'aube d'une révolution silencieuse, mais puissante. »

Malgré ces défis, il voit le numérique comme un catalyseur d'universalisme, élargissant les frontières socioculturelles et favorisant une diversité sans précédent. Il souligne comment cette technologie a renforcé les liens familiaux et communautaires, et mentionne l'impact positif des innovations numériques dans le domaine médical, comme les robots conversationnels pour les personnes isolées, et les systèmes de rappel pour les médicaments et l'activité physique.

Le fondateur de la Fabrique Spinoza partage sa vision optimiste : « Je pense que comme la technologie, l'intelligence artificielle peut être un moyen d'éviter des tâches délicates et rendre la vie au travail plus agréable », affirme-t-il. Il illustre son propos avec l'exemple du château de Versailles, où une IA analyse les émotions des touristes

10. Contraction de « smartphone » et « zombies » désignant les personnes absorbées par leur téléphone au point de négliger leur environnement immédiat.

11. Phénomène caractérisé par l'impression erronée d'entendre son téléphone sonner ou vibrer, traduisant une anxiété liée à la crainte de manquer des appels ou des notifications importantes.

12. Terme désignant l'attraction puissante et le temps consommé par certaines applications ou plateformes en ligne, qui captivent l'utilisateur dans une suite incessante d'activités ou de contenus.

13. Comportement consistant à faire défiler sans fin des nouvelles souvent négatives ou stressantes en ligne, engendrant une sensation d'angoisse et de pessimisme.

pour permettre aux agents aux guichets de repérer la colère ou la frustration. Alexandre souligne que le digital transforme le travail, offrant l'opportunité de réinventer nos rapports professionnels.

Il termine sur une réflexion : « Il ne s'agit pas de savoir si l'IA peut s'intégrer dans nos vies, mais comment nous pouvons intégrer l'IA dans nos vies. » Il souligne l'importance cruciale d'une éducation continue au numérique, agissant comme un bouclier contre l'ignorance et la manipulation. « L'éducation est notre bouée de sauvetage dans cet océan d'informations », insiste-t-il. De la netiquette[14] aux accords toltèques digitaux[15], l'éducation sert de boussole morale pour naviguer dans cet univers complexe.

Il nous conseille toutefois de ne pas être naïvement optimistes. « 85 % des qualités du leader de demain s'apparentent à l'intelligence émotionnelle », souligne-t-il, posant la question fondamentale des valeurs que nous attribuons à l'IA : « Qui la programme et dans quel but ? » Il ajoute : « Si nous programmons nos intelligences artificielles pour valoriser nos valeurs, alors elles pourront enrichir notre existence et nos relations professionnelles. »

Alexandre nous recommande l'étude intitulée « Vers un digital vertueux, un digital durable, qui apaise, développe et unit »[16], qui évite les écueils d'une sobriété digitale excessive tout en rejetant l'utopie d'un « tout digital ». Il conclut que les technologies sont des outils et que l'essentiel réside dans notre capacité à les utiliser de manière à renforcer notre humanité plutôt que de la diluer. « En fin de compte, ce n'est pas la technologie qui définit notre avenir, mais bien la manière dont elle est utilisée et dans quel but. [...] Le défi n'est pas technologique, il est humain. Cette perspective doit guider notre parcours, car l'IA devrait nous servir, et non nous asservir. »

14. Ensemble de règles informelles régissant le comportement approprié et respectueux sur Internet, visant à maintenir l'ordre et la courtoisie dans les interactions numériques.

15. Adaptation des principes de sagesse ancestrale des accords toltèques au contexte digital, visant à promouvoir une existence équilibrée et respectueuse dans l'espace numérique.

16. Téléchargez l'étude : https://tinyurl.com/vertueux-ia

L'ESSENTIEL

- **Dynamique de l'innovation inversée** : l'IA émerge souvent de manière organique, créant des « Shadow AI », des utilisations privées de directives formelles.
- **Gestion et adaptation** : les managers sont à la croisée des chemins, entre incompréhension de l'IA et écarts générationnels, soulignant la nécessité d'évoluer vers des rôles de coachs augmentés avec l'aide de l'IA.
- **Adoption de l'IA en entreprise** : il s'agit de trouver un équilibre entre transparence et responsabilité en établissant des directives claires pour une utilisation éthique de l'IA.
- **Phase d'expérimentation** : il est important de tester l'IA de manière méthodique avec le soutien de la direction et une communication transparente.
- **Démocratisation de l'IA** : grâce à l'IA, au *no-code* et au *low-code*, innover est à la portée de tous, transformant l'informatique en moteur d'innovation.
- **Formation continue et neuroplasticité** : il existe des solutions pour accompagner les équipes face aux évolutions numériques.
- **Éducation, réparation et rôle de l'enseignement supérieur** : il est urgent d'intégrer l'IA dans les cursus pour préparer les étudiants au monde de demain.
- **Vers une transformation vertueuse** : l'IA peut être utilisée pour enrichir l'humanité, avec une approche centrée sur l'éthique et les valeurs humaines.

CHAPITRE 3

Comment poser les bonnes questions à une IA ?

Executive summary

Maîtriser une nouvelle langue va au-delà de la simple connaissance du vocabulaire et de la grammaire ; cela nécessite de saisir ses subtilités. De la même façon, dialoguer avec les IA génératives demande de dépasser la compréhension basique pour saisir les nuances qui font toute la différence :

- **Les fondamentaux des IA** : connaître leur fonctionnement avec leurs trois piliers.
- **Les instructions personnalisées** : utiliser cette fonction sous-estimée mais précieuse.
- **Le *prompt engineering*** : apprendre à poser les bonnes questions.
- **La méthode CREATIVE** : appliquer l'approche du caméléon.
- **L'arbre de pensée** : l'approche ultime pour une efficacité optimale.
- **Les *plugins* sont morts, vive les GPT** : les prémisses de son propre ChatGPT.
- **La non-automatisation avec les IA** : choisir délibérément de ne pas automatiser certaines tâches.
- **Midjourney** : commencer à dompter un outil aussi complexe que créatif.

FONCTIONNEMENT DE BASE DES IA

« L'art du prompt » – d'où vient cette expression ? Qualifier le prompt d'« art » est un nouvel exemple de fantasme autour de cette technologie. Devons-nous vraiment envisager d'ajouter un onzième art à la classification actuelle[1] ? Restons sérieux, maîtriser les techniques du prompt est essentiel pour manipuler efficacement les IA, mais cela ne constitue pas une forme d'art. Avant de nous pencher sur le *prompt engineering*, comprenons les fondations sur lesquelles se construisent les intelligences artificielles génératives :

- **L'algorithme – le moteur** : l'algorithme est le cerveau de l'intelligence artificielle. Il fonctionne comme un moteur sophistiqué, traitant les informations pour fournir des réponses. Un algorithme est spécialement conçu pour répondre à toutes les questions, ou presque.
- **Les données – la matière première** : tout comme un chef a besoin de bons ingrédients pour préparer un bon plat, l'algorithme a besoin de données de qualité pour apprendre et s'améliorer. Pour des modèles comme ChatGPT, cela signifie lire et analyser tout Internet et bien plus encore. Plus ces informations sont diverses et de bonne qualité, mieux l'IA peut répondre de manière précise. Pas de données de qualité, pas d'IA !
- **L'interaction humaine – comment nous guidons l'IA** : même si l'IA peut sembler autonome, la façon dont nous interagissons avec elle est importante. Quand nous donnons une instruction à l'IA, cela s'appelle un « prompt ». Il aide l'IA à mieux comprendre ce que nous voulons. Envisagez-le comme donner des consignes à un super assistant qui saurait presque tout mais qui ne vous connaîtrait pas.

1. https://tinyurl.com/artclassification

L'IMPORTANCE DES « INSTRUCTIONS PERSONNALISÉES »

La fonction « Custom Instructions »[2] aide à obtenir des réponses adaptées en définissant clairement comment l'IA doit traiter vos demandes. Elle est accessible *via* le menu de votre profil, situé en haut à droite de l'écran après avoir cliqué sur votre nom, sous l'option « Personnaliser ChatGPT ». Vous devez renseigner deux sections :

Votre profil

Que souhaiteriez-vous que ChatGPT sache sur vous pour fournir de meilleures réponses ? (Votre texte est limité à 1 500 caractères.)

- **Profession/rôle** : indiquez clairement votre rôle professionnel ou le contexte d'utilisation de ChatGPT pour des réponses plus ciblées.

  Conseil : demandez à ChatGPT d'analyser votre CV pour définir avec précision votre profil professionnel.

- **Projets/missions** : aidez ChatGPT à comprendre vos projets actuels pour des suggestions pertinentes.

  Conseil : basez-vous sur votre fiche de poste pour préciser vos missions actuelles.

- **Valeurs et principes** : partagez vos valeurs fondamentales pour que ChatGPT aligne ses suggestions sur vos principes éthiques.

  Exemple : innovation, efficacité, créativité, esprit d'équipe, bienveillance.

2. Disponible sur l'ensemble des versions ChatGPT.

- **Informations plus personnelles** : enrichissez votre profil en ajoutant des détails comme vos hobbies ou les choses que vous n'appréciez pas, afin de permettre à ChatGPT de mieux cerner votre personnalité.

  Conseil : mentionnez vos goûts en matière de littérature, musique et autres arts (ce que vous appréciez et ce que vous évitez).

- **Langues** : spécifiez les langues dans lesquelles vous souhaitez communiquer pour éviter toute barrière linguistique.

  Conseil : notez des termes spécifiques à votre activité, en particulier si vous utilisez un jargon professionnel.

Vos attentes spécifiques

Comment souhaitez-vous que ChatGPT réponde ? (Votre texte est limité à 1 500 caractères.)

- **Ton** : définissez le niveau de formalité des réponses de ChatGPT, qu'il soit professionnel ou plus décontracté.

  Conseil : fournissez des exemples de votre style de communication à analyser.

- **Niveau de détail** : ajustez la précision des informations fournies pour qu'elles soient informatives sans être trop complexes.

  Conseil : demandez à ChatGPT de citer ses sources pour valider les informations données et assurez-vous que les détails essentiels sont inclus sans surcharger.

Derniers conseils : demandez à ChatGPT d'optimiser vos instructions personnalisées pour respecter la contrainte de caractères ; pour explorer des sujets hors de votre profil, désactivez-le temporairement dans « Personnaliser ChatGPT ». Un bonus : pour recevoir le prompt destiné à vous aider à écrire les instructions personnalisées, envoyez un e-mail à centaure.marketing.ia@gmail.com.

En personnalisant ces sections, vous créez un profil utilisateur unique qui guide ChatGPT dans ses interactions avec vous, assurant des réponses mieux adaptées à vos attentes.

LE *PROMPT ENGINEERING*

Un jour, un responsable de formation nous a fait part de sa déception concernant une biographie erronée d'un formateur, générée par ChatGPT. Inspirés par le conseil de ma grand-mère selon lequel il faut tourner sept fois sa langue dans sa bouche avant de parler, nous lui avons conseillé d'inclure dans le prompt l'URL du site du formateur et des exemples de biographies réussies. Cette expérience, ainsi que mes nombreuses heures passées avec les IA, nous ont appris que les erreurs proviennent souvent de nos prompts.

Prenons un exemple : imaginez que vous deviez choisir le meilleur candidat parmi 50 CV sans connaître le poste ou l'entreprise. Ce serait absurde ! C'est la même chose avec l'IA. Sans instructions claires et un contexte bien défini, on ne peut pas s'attendre à ce qu'elle fasse des miracles. Contrairement à un humain, l'IA exécutera la tâche sans rechigner, vous contredire ou poser des questions, sauf si vous le lui demandez explicitement.

Contrairement à nous, ChatGPT ne perçoit pas le monde ; il calcule. Cette particularité a suscité un engouement autour de l'art du prompt, entraînant l'apparition d'experts, de formations, de livres, et même de certaines offres de packs de prompts prêts à l'emploi. Mon conseil ? Passez votre chemin. L'essentiel est de comprendre comment fonctionnent les IA, d'acquérir les principes de base du prompt s'appuyant sur le bon sens humain et surtout d'avoir une expertise solide dans le domaine avec lequel vous souhaitez que l'IA interagisse.

Pratiquez, expérimentez et dialoguez avec les IA pour découvrir le langage et les méthodes qui répondent à vos besoins. Considérez l'IA comme une extension de votre intelligence, chaque interaction étant une opportunité de souligner votre singularité.

LA MÉTHODE CREATIVE

Dans nos premières interactions avec ChatGPT, nous avons adapté nos briefs aux demandes internes et externes, notamment celles impliquant les agences de communication. Convaincus de leur importance pour la réussite des projets, nous y accordons une attention particulière. Cette démarche s'est ensuite affinée avec l'adoption de la méthode ACTIF de Matthieu Corthésy :

- **A**ction : la tâche spécifique à réaliser.
- **C**ontexte : l'environnement du projet et des exemples pertinents.
- **T**onalité : le style et le ton de la réponse attendue.
- **I**dentité : le rôle ou la perspective que ChatGPT doit adopter.
- **F**ormat : le format spécifique de la réponse.

Forts de ces expériences, nous avons développé la méthode mnémotechnique CREATIVE, conçue pour s'adapter à l'ensemble des besoins.

C comme contexte

Fournissez une vue d'ensemble du projet ou de la situation pour que l'IA comprenne le cadre dans lequel elle opère. Incluez des informations sur l'entreprise, ses concurrents, ses cibles, la marque, et l'axe de différentiation.

Exemple : « Notre entreprise lance une nouvelle ligne de produits cosmétiques bio, visant à se positionner comme leader dans le secteur de la beauté durable. »

Conseil : enregistrez ces informations directement dans les instructions personnalisées pour une meilleure compréhension par ChatGPT.

R comme rôle

Indiquez le rôle ou la perspective à adopter pour les réponses.

Exemple : « Agis comme un spécialiste marketing expérimenté dans le lancement de produits cosmétiques bio sur le marché. »

E comme exigences

Spécifiez vos attentes en détail, incluant objectifs et indicateurs de succès pour cibler précisément les réponses souhaitées.

Exemple : « Développe une stratégie de contenu pour nos réseaux sociaux, mettant en avant les avantages de nos cosmétiques bio et valorisant nos valeurs de durabilité. »

A comme angle

Déterminez l'angle et le style de communication pour que le contenu résonne avec votre audience.

Exemple : « Utilise un ton inspirant et informatif, avec une touche d'humour subtil, pour engager un public jeune et éco-conscient. »

T comme tâche

Explication : détaillez l'action à accomplir avec des instructions précises, garantissant ainsi que l'IA comprend exactement ce que vous attendez.

Exemple : « Conçois trois publications Instagram valorisant nos ingrédients naturels, et incite à l'action pour promouvoir un *lifestyle* durable. »

I comme instructions détaillées

Précisez le format, les contraintes spécifiques (telles que le nombre de mots) et choisissez une méthode de *copywriting* (AIDA, PAS, BAB…) ou une structure de contenu (narration, étude de cas…).

Exemple : « Utilise la méthode AIDA pour tes posts Instagram : attire l'attention (A) par un fait marquant, suscite l'intérêt (I) avec des détails uniques, crée le désir (D) en mettant en avant les avantages de nos produits, et incite à l'action (A) avec un appel clair. Vise une longueur de 100 à 150 mots, rendant chaque publication engageante et informative. »

Dans l'article www.centaure-marketing-ia.fr/techniques-copywriting-chatgpt, nous expliquons les différentes techniques de *copywriting* avec ou sans ChatGPT.

http://dunod.link/qzj70e2

V comme variante

Stimulez la recherche de solutions alternatives et créatives en demandant d'explorer différentes manières de répondre ou d'aborder un sujet.

Exemple : « Explore des variantes dans les messages, en alternant entre l'impact environnemental, les bienfaits pour la santé et des histoires sur l'origine de nos produits pour enrichir notre communication. »

E comme enrichissement

Encouragez l'IA à intégrer une diversité d'informations pertinentes pour augmenter la valeur du contenu. Sur ce point, je vous encourage à sélectionner minutieusement les informations qui contribueront à l'enrichissement.

Exemple : « Incorpore ces statistiques… et présente ce cas concret… »

Cette méthode offre une trame flexible qui s'ajuste à vos besoins, vous permettant d'intégrer vos propres idées et créativité. Personnalisez chaque étape avec vos *insights*, exemples et directives spécifiques pour aligner les résultats avec vos objectifs. Elle met en avant l'importance de vos compétences, avec ou sans IA, pour organiser et structurer efficacement votre réflexion.

Pour recevoir le prompt destiné à générer le prompt parfait, inspiré de la méthode CREATIVE, envoyez un e-mail à centaure.marketing.ia@gmail.com.

***Tableau 3.1** : Quelques exemples mettant en scène différents personas*

PERSONA	SOPHIE	BENOÎT	MARC	EMMA
C (Contexte)	Article de blog sur l'IA pour les débutants	Campagne de slogans pour chaussures écolos	Email de service client pour résoudre un problème	*Brainstorming* pour le nom d'une start-up Tech
R (Rôle)	Blogueuse experte en technologie	Copywriter créatif spécialisé en produits écolos	Consultant en communication client	Spécialiste du branding pour start-ups tech
E (Exigences)	Informer sur les dernières tendances IA	Créer des slogans percutants	Résoudre efficacement le problème du client	Générer des idées créatives de noms
A (Angle)	Informatif mais accessible	Punchy et inspirant	Professionnel et empathique	Créatif et audacieux
T (Tâche)	Rédiger un article introductif à l'IA	Élaborer 5 slogans pour la campagne	Formuler un email pour adresser le problème du client	Produire une liste de 10 noms potentiels

PERSONA	SOPHIE	BENOÎT	MARC	EMMA
I (Instructions détaillées)	Utilise la structure PAS (Problème-Agitation-Solution) pour un article de 500 mots, rendant l'IA accessible sans être trop technique	Appliquer la méthode USP *(Unique Selling Proposition)* pour des slogans de max 7 mots, axés sur l'environnement	Structurer l'email selon la méthode BAB (Before-After-Bridge), en mettant en avant la compréhension et la résolution du problème, environ 200 mots	S'inspirer de la méthode SCAMPER pour la créativité, en évitant les noms déjà pris et en reflétant l'innovation
V (Variante)	Varier les exemples d'application de l'IA dans la vie quotidienne et dans les entreprises	Tester des approches variées sur l'impact environnemental et le style de vie durable	Tester différents tons d'empathie pour trouver le plus adapté	Explorer les tendances actuelles et futures en noms de start-up tech dans divers secteurs
E (Enrichissement)	Incorporer ces statistiques et des anecdotes	Étudier et s'inspirer de ces campagnes réussies pour enrichir les propositions	Référencer des politiques de service client exemplaires pour étayer la communication	Analyser les tendances actuelles en noms de start-up tech et les raisons de leur efficacité

LES CONSEILS POUR OPTIMISER VOS PROMPTS

Confirmation de compréhension : « As-tu bien compris ma demande ? »

Cette question encourage ChatGPT à reformuler votre demande, mettant en lumière les possibles divergences de compréhension. Affinez votre prompt en fonction de sa reformulation pour garantir un alignement parfait.

Dialogue pour clarification : « Pose-moi les questions nécessaires pour clarifier le prompt. »

Invitez ChatGPT à entrer en dialogue avec vous pour une précision accrue, l'aidant ainsi à mieux comprendre votre demande.

Ajustement de la température[3] pour la créativité

Ce paramètre contrôle le degré de créativité dans les réponses de ChatGPT :

- **Basse (0 à 0,3)** : produit des réponses directes et concises, parfaites pour des corrections précises, des suggestions spécifiques, des résumés ou des traductions.

3. Origine du terme « température » en IA : comme en physique, où la température contrôle l'activité des particules, en IA, elle règle l'aléatoire des réponses – basse pour la prévisibilité, élevée pour la créativité.

- **Moyenne (0,3 à 0,7)** : offre un juste milieu entre créativité et cohérence, adapté pour une variété plus large de requêtes.
- **Élevée (0,7 à 1)** : encourage un flux d'idées originales pour le *brainstorming*, même si cela peut parfois réduire la cohérence des réponses.

Raisonnement étape par étape au lieu d'utiliser des méga prompts

Décomposez les requêtes complexes en objectifs plus simples et gérables. Cette méthode structurée améliore le suivi de votre logique par ChatGPT, favorisant des réponses organisées et vous permettant de rester actif dans l'échange.

Directivité et affirmation

Privilégiez un style direct et affirmatif dans vos prompts, évitant les tournures négatives susceptibles de créer de la confusion. Bien que l'utilisation de l'anglais puisse améliorer les interactions avec l'IA, notamment avec Midjourney, je privilégie l'emploi du français pour ChatGPT, en y intégrant des termes techniques et le jargon professionnel en anglais.

Redémarrage du dialogue

Si un dialogue commence mal ou semble dérailler, je préfère initialiser un nouveau prompt en optimisant mon prompt initial. Cela aide à rediriger l'IA vers la trajectoire souhaitée.

Pour DALL-E : technique « Make It More »

Après avoir créé une image initiale avec DALL-E, demandez à l'IA de « faire plus » sur un aspect spécifique, tel que « rendre l'image plus dynamique ». Cette approche pousse DALL-E à intensifier l'élément en question, produisant des résultats visuels impressionnants et souvent surprenants.

Un peu de *teasing* pour faire monter la température… Nous sommes sur le point de découvrir la méthode ultime pour atteindre une efficacité maximale !

L'ARBRE DE PENSÉE : LA MÉTHODE ULTIME

Face à un défi, notre instinct nous pousse souvent vers des solutions éprouvées, familières, faciles et rapides. Et si nous choisissions la posture du centaure, en admettant humblement « je ne sais pas » pour nous ouvrir à d'autres options ? C'est le cœur de l'Arbre de pensée, une innovation née de l'esprit des chercheurs de Google DeepMind et de l'Université de Preston[4]. En divergence avec la Chaîne de pensées, une méthode linéaire et prévisible, l'Arbre de pensée tisse un éventail de possibilités, jonglant avec diverses idées simultanément.

Considérez, par exemple, le défi de composer le nombre 24 à partir de cartes numérotées. Ici, révèle l'étude, l'Arbre de pensée a brillamment démontré sa supériorité, atteignant un taux de réussite de 74 %, contre seulement 4 % pour la Chaîne de pensées.

4. Résultat de l'étude : https://arxiv.org/pdf/2305.10601.pdf

Visualisez la Chaîne de pensées comme une autoroute bien tracée, alors que l'Arbre de pensée se déploie en un réseau de sentiers sinueux, prêts à être explorés. Cette philosophie du centaure face aux épreuves se déploie en quatre étapes :

1. **Identification** : avant tout, il faut cerner le problème. C'est comme choisir l'arbre sur lequel vous voulez grimper. Posez-vous les bonnes questions ?
2. **Exploration** : une fois le pied de l'arbre identifié, il est temps de voir quelles branches sont à votre portée. C'est le moment de brainstormer, de laisser votre créativité s'exprimer.
3. **Évaluation** : vous avez plusieurs branches en vue ? Pesez le pour et le contre de chaque option. Quelle branche semble la plus solide ? Laquelle mène le plus haut ?
4. **Décision** : enfin, il faut se lancer et choisir une branche.

Essayons maintenant de mettre en pratique ces belles paroles, en gardant à l'esprit que ce sont ces petites nuances qui font toute la différence.

Exemple simplifié : optimiser la stratégie de communication pour le lancement d'une application mobile de fitness.

Étape 1 : identification

- Définir le défi : augmenter l'adoption et l'engagement quotidien de l'application chez un public soucieux de sa santé.

Étape 2 : exploration (enrichie)

- Personnaliser les notifications pour encourager l'utilisation quotidienne.
- Établir des partenariats avec des influenceurs reconnus en fitness.

- Lancer des challenges communautaires avec récompenses pour booster l'engagement.
- Proposer une période d'essai gratuite pour inciter aux téléchargements.
- Valoriser les témoignages d'utilisateurs et partager des *success stories*.
- Intégrer l'application avec des *wearables*[5] pour un suivi de santé intégré.
- Offrir des objectifs de fitness personnalisés avec recommandations et rappels.
- ... Plus de 50 idées générées.

Étape 3 : évaluation

- Analyser les idées en fonction de leur coût, leur impact sur l'engagement, leur complexité de mise en œuvre et leur faisabilité technique.

Étape 4 : décision

- Concevoir et tester un plan d'action intégrant les stratégies les plus efficaces pour assurer un lancement réussi.

L'Arbre de pensée, avec ou sans ChatGPT, nous encourage à voir l'incertitude comme le point de départ d'une exploration enrichissante. Le temps libéré par l'utilisation de ChatGPT pour des tâches routinières nous permet de nous engager dans des réflexions plus profondes et plus gratifiantes intellectuellement. L'automatisation attire peut-être l'esprit Iron Man, mais l'âme du centaure s'épanouit dans l'exploration, ouvrant la porte à de nouvelles idées et connaissances. Les IA, conçues par et pour les humains, fonctionnent au mieux avec notre intuition. En appliquant les principes de *prompt engineering* à votre

5. Appareils électroniques portables, comme les montres et les bracelets, qui se connectent à votre smartphone pour surveiller votre activité.

expertise et en adaptant la sagesse de ma grand-mère, « Il faut réfléchir avec sa tête avant de prompter », vous observerez un impact positif sur votre travail.

LES *PLUGINS* SONT MORTS, VIVE LES GPT

Durant la phase finale de relecture du livre, nous avons été contraints de retirer le passage consacré aux plugins ChatGPT, à la suite de l'annonce par OpenAI de leur retrait en mai 2024. Cette évolution met en avant la volonté d'OpenAI de développer les GPT, ou *Generative Pre-trained Transformers*, qui ouvrent la voie à une personnalisation plus poussée de l'IA. Ces modèles, configurables pour accomplir des tâches spécifiques, permettent à chaque utilisateur d'adapter ChatGPT à ses propres besoins et contenus, agissant comme des « agents » programmables.

La création d'un GPT, qui ne requiert aucune compétence en codage, est intuitive. Vous trouverez ici les différentes étapes à respecter :

http://dunod.link/l1be9z1

Le GPT Store propose une multitude de GPT conçus pour une large gamme d'applications, de l'assistance éducative et rédactionnelle au support client, en passant par la planification de voyages, illustrant ainsi la polyvalence de l'IA.

Les premières expériences avec les GPT ont été mitigées, mais leur potentiel est indéniable. Comme mentionné dans d'autres sections, des GPT ont été configurés pour des tâches spécifiques, telles que l'assistance dans la rédaction d'e-mails ou la vérification de conformité à une charte rédactionnelle. Pour le moment, il est nécessaire de spécifier dans le prompt que le GPT doit utiliser le fichier téléchargé lors de sa création, car il éprouve encore des difficultés à le faire automatiquement.

La prochaine étape sera de pouvoir créer notre propre ChatGPT, enrichi de nos contenus et de références spécifiques.

Conseil :

Sélection de GPT

Réalisation de prompts pour générer des images :
Photorealistic Prompt Creator : conçu pour générer des prompts qui créent des images photoréalistes.
Midjourney – MJ Prompt Generator (V6) : aide à formuler des demandes.
Excel GPT : offre une assistance automatisée pour Excel, facilitant la manipulation des données, la création de formules complexes et l'analyse de données.
Essay writing assistant : aide à la rédaction de textes en offrant des suggestions de formulations, des corrections grammaticales et des améliorations stylistiques.

Recherche d'information :
Consensus : utilise plus de 200 millions d'articles académiques pour répondre à des questions spécifiques, aidant ainsi à rédiger du contenu pertinent.
Scholar GPT : accède à plus de 200 millions de ressources, y compris Google Scholar et PubMed.

LA NON-AUTOMATISATION AVEC LES IA

Inutile de nous écrire pour souligner un éventuel oubli concernant l'automatisation des IA avec des outils tels que Zapier et Make. Notre choix de ne pas aborder ce sujet est tout à fait délibéré. Certes, nous aurions pu gagner quelques minutes sur certaines tâches, mais, comme l'a souligné Laura Sibony dans sa nouvelle, nous préférons ne pas ouvrir la boîte de Pandore. En tant qu'êtres humains, nous tenons à rester pleinement responsables de notre travail. Effectuer certaines tâches manuellement augmente notre responsabilité et assure un meilleur contrôle sur celles-ci. Si des erreurs se produisent, nous en sommes les uniques responsables et nous en assumons l'entière responsabilité… Mieux vaut s'arrêter là, sous peine de le regretter !

MIDJOURNEY : DE L'OR ENTRE LES MAINS

Comme l'a si bien exprimé Edgar Degas, « L'art n'est pas ce que vous voyez, mais ce que vous faites voir aux autres. » Dans cet esprit, Midjourney nous offre une toile vierge où la seule limite est celle de notre imagination. Thibault Rabeux, connu pour « Les Tutos Midjourney » sur YouTube, nous partage quelques conseils.

La finesse du prompt

Les nouvelles technologies apportent toujours avec elles leur lot de nouveaux métiers. À l'instar des consultants SEO nés avec l'apparition d'Internet, les prompteurs ont trouvé une raison d'être avec le développement des intelligences artificielles dont Midjourney fait partie.

Un prompt, ce n'est rien d'autre qu'une commande textuelle. Une sorte d'ordre envoyé à une machine qui en retour exécutera (ou non) votre requête. La nuance ajoutée entre parenthèses concerne notamment certaines demandes liées à la génération d'images à caractère pornographique ou offensant.

En réalité, absolument tout le monde peut « prompter » sur Midjourney. Il vous suffit de créer un compte Discord gratuitement, de rejoindre le serveur de Midjourney, de souscrire à l'un des forfaits proposés et le tour est joué !

Il ne vous reste plus qu'à taper le mot « /imagine » dans le champ de texte de Discord, en prenant bien soin d'ajouter le slash, puis d'entrer le prompt que vous voulez. Vous souhaitez obtenir des images de chats ? Dans ce cas, tapez la commande suivante sur Discord : « /imagine a cat ». Il est recommandé de rédiger en anglais, bien que pour une demande aussi simple, vous auriez pu vous contenter d'écrire « /imagine un chat ».

À moins d'un cataclysme, Midjourney vous répondra quelques secondes plus tard en vous renvoyant une grille de quatre images de chats. C'est aussi simple que cela.

Mais mon IA générative d'images favorite fonctionne de la même manière qu'un Google Images. Si vous renseignez une requête trop large, vous obtiendrez des résultats très diversifiés tels que des chats tigrés, des chats roux ou encore des chats de gouttière. Pour atténuer le caractère aléatoire des résultats obtenus, il vous faudra affiner vos prompts. Et c'est précisément à ce moment-là que l'écart se creusera entre un utilisateur ponctuel de Midjourney et le prompteur avancé que vous serez bientôt.

L'affinage

Pour ne pas contrarier la *team* chien qui se sentirait lésée au profit de la *team* chat, prenons quelques exemples avec nos amis les canidés.

Le premier affinage de prompt possible est bien entendu de spécifier la race de chien que vous souhaitez obtenir sous forme d'images. Voici ce que vous pourriez faire :

/imagine a dachshund

Ce prompt vous permet d'obtenir des images de teckels (*dachshund* en anglais). Mais vous pouvez creuser encore davantage :

/imagine a long-haired dachshund

Vous voici maintenant face à une grille de quatre images vous proposant des teckels à poil long.

/imagine a long-haired dachshund running in a park

Voilà désormais notre adorable toutou à poil long en train de courir dans un parc ! Dans la plupart des cas, vous obtenez des images photoréalistes. Si vous désirez un style précis, il vous suffit de le mentionner dans votre prompt :

/imagine a dachshund in the style of Picasso

En quelques secondes, vous voilà face à une œuvre d'art inédite de Pablo ! Et cela tombe plutôt bien car je ne sais pas pour vous, mais me concernant je n'ai pas les moyens de me payer un authentique tableau de Picasso (ou autre peintre de renom).

Mais je dois bien vous avouer que dans mon esprit, les tableaux ont un format bien particulier. Je les imagine dans un format de type journal, voyez-vous ? Plus haut que large. Malheureusement les images que m'a renvoyées Midjourney sont toutes au format carré... Rassurez-vous, je vous fais marcher. Il est possible de demander à l'IA le format d'image que vous voulez. Simplement, si ne vous précisez aucun format dans votre prompt, vous obtiendrez par défaut des images carrées de 1 024 par 1 024 pixels.

Pour remédier au problème, vous pouvez ajouter un paramètre précis à votre prompt. Midjourney en propose des dizaines, ils sont placés à la fin de votre prompt et commencent toujours par deux tirets dits

« du 6 » (car ce sont les tirets que vous obtenez en appuyant sur la touche « 6 » de votre clavier).

Le paramètre relatif au format d'image à ajouter à la fin de votre prompt est le suivant : « – -aspect » ou « --ar » (ar = aspect ratio) suivi du format désiré sous la forme L:H. Si on reprend l'exemple de notre tableau, voici ce que j'aurais pu écrire :

/imagine a dachshund in the style of Picasso --ar 2:3

En ajoutant ce paramètre à la fin de mon prompt, je demande à Midjourney de créer une image ayant un format davantage vertical. A contrario, si je souhaite obtenir une image au format paysage, je peux modifier mon paramètre de cette façon :

/imagine a dachshund in the style of Picasso --ar 16:9

C'est de cette manière que vous pourrez passer en quelques secondes d'un format carré à un format vertical, puis paysage. Enfantin.

Isoler une image

Si vous avez suivi toutes les étapes jusqu'ici, vous devriez vous retrouver face à une grille de quatre images de teckel au format vertical (3:2) et dans le style de Pablo Picasso. Sous ce quatuor d'images, quelques options s'offrent à vous :

U1, U2, U3, U4 : « Quèsaco ? » Bonne question, jeune prompteur ! La lettre « U » désigne le terme *upscale*, ou « mettre à l'échelle » en français. Si vous cliquez sur l'un de ces quatre boutons, Midjourney va extraire l'image demandée de façon individuelle. Terminée la grille inexploitable, vous voilà désormais en possession d'une image unique que vous pouvez enregistrer sur votre ordinateur et imprimer pour en faire un tableau. Voici comment comprendre l'ordre des images sur une grille :

- U1 correspond à l'image en haut à gauche de la grille.
- U2 correspond à l'image en haut à droite de la grille.

- U3 correspond à l'image en bas à gauche de la grille.
- U4 correspond à l'image en bas à droite de la grille.

V1, V2, V3, V4 : encore une abréviation, cette fois-ci avec un « V » pour *variation*. Cette option vous permet de demander à Midjourney d'effectuer une légère variation sur une image précise. Admettons que vous ayez créé l'image d'une femme en train de tenir un stylo. L'image en haut à gauche vous plaît beaucoup, mais la femme a six doigts ! Dans ce cas, vous pouvez cliquer sur « V1 » pour tenter de corriger le problème. Si vous procédez ainsi, Midjourney va générer une nouvelle grille de quatre images qui ne seront ce coup-ci que des variantes de celle que vous aimiez bien. Cette grille offrira des résultats légèrement différents qui, avec un peu de chance, auront corrigé certains défauts, dont ces fameux six doigts. Les variations sont idéales pour corriger des détails du type couleur des yeux, doigt en trop ou en moins, mèche de cheveux mal placée, etc.

Reroll : ce terme désigne le carré bleu entremêlé de deux flèches blanches et positionné à côté des boutons d'*upscale* et de variation. En cliquant sur ce pictogramme, vous demandez à Midjourney de relancer votre prompt afin qu'il génère une nouvelle grille d'images. Ah oui, je ne vous l'ai pas dit ? Un seul et même prompt peut créer 4 294 967 295 grilles d'images (c'est le vrai nombre, je ne l'ai pas inventé). Multipliez-le par quatre et vous obtiendrez le nombre d'images individuelles qu'un seul prompt peut vous offrir. Autant dire que vous pouvez user et abuser du bouton « *reroll* » autant de fois que vous le voulez jusqu'à obtenir le résultat souhaité.

Elle est enfin sous vos yeux, votre première image *made in Midjourney* créée à la force de votre clavier. L'histoire pourrait s'arrêter ici, mais voilà que de nouvelles fonctionnalités viennent d'apparaître en même temps que votre création originelle.

Creuser l'écart

À dire vrai, c'est un livre entier dont j'aurais besoin pour détailler l'ensemble des fonctionnalités offertes par Midjourney. Mais ayant pour devoir d'être concis, je vais vous expliquer brièvement les différentes fonctionnalités nouvelles ayant fait leur apparition sous votre image de teckel désormais mise à l'échelle :

- **Vary strong** : ce bouton revient à demander à Midjourney de recréer des variations plus importantes de l'image mise à l'échelle. Contrairement aux variations subtiles évoquées précédemment, les *strong* modifient un peu plus que des détails. Votre teckel gardera le même style, mais sa position risque de changer, là où une variation subtile modifiera légèrement la position de sa queue, par exemple.
- **Vary region** : aussi appelée « *inpainting* », cette fonctionnalité est celle que j'utilise le plus parce qu'elle permet de modifier soi-même une image précise. En sélectionnant une zone de l'image, vous pouvez y ajouter ou en supprimer un élément. Vous souhaitez ajouter une couronne sur la tête de votre teckel ? La fonction *vary region* vous permet de le faire très facilement. À tester d'urgence !
- **Upscale x2/x4** : multiplie par deux ou quatre la résolution d'une image. Idéal si vous souhaitez imprimer une image et l'encadrer.
- **Les zooms** : comme son nom ne l'indique PAS, le zoom… dézoome ! En utilisant ces fonctionnalités, Midjourney va inventer ce qu'il y a tout autour de votre image. Si vous créez le portrait d'une femme dont vous ne voyez que le visage, vous pourrez demander à Midjourney d'inventer son corps en cliquant sur le bouton « zoom out 2x ». Une fonctionnalité qui me bluffe à tous les coups !
- **Les flèches directionnelles** : même fonctionnalité que les zooms, mais elles vous permettent d'indiquer à Midjourney dans quelle direction vous souhaitez qu'il invente la suite de l'image. Les flèches directionnelles offrent ainsi plus de contrôle que les zooms, qui inventent systématiquement tout autour de l'image.

La créativité à portée de main

Le contrôle, vous l'avez à présent, et c'est ce que j'ai souhaité illustrer en revisitant *La Grande Vague de Kanagawa* de Hokusai.

Prompt :

« *Uranium glass photography of the The Great Wave off Kanagawa, a man is holding the uranium glass in his hands.* »

À retrouver sur www.centaure-marketing-ia.fr.

> ***Conseil :***
>
> *Recréer un personnage identique*
>
> La fonctionnalité « Character Reference » de Midjourney, accessible *via* le tag « --cref », vous permet de recréer un personnage en reprenant ses traits et styles à partir d'une image existante. Voici comment procéder :
> – Générez votre personnage initial : décrivez et créez une image du personnage. Par exemple : « une femme cadre de 35 ans, portant des lunettes modernes et ayant les cheveux bruns ».
> – Utilisez l'image créée : après avoir généré et agrandi l'image, faites un clic droit sur celle-ci et copiez l'URL.
> – Réutilisez le personnage : pour intégrer ce personnage dans une nouvelle scène, utilisez le tag « --cref » suivi de l'URL copiée. Exemple : « assise à son bureau devant un ordinateur portable --cref [URL copiée ici] ».
>
> Moduler la ressemblance avec le tag « --cw ».
> Utilisez le tag « --cw » pour ajuster la ressemblance du personnage recréé :
> – cw 100 : conserve toutes les caractéristiques du personnage (visage, cheveux, vêtements).
> – cw 50 : permet des modifications modérées, tout en conservant une ressemblance notable.
> – cw 0 : se concentre uniquement sur le visage, idéal pour changer la tenue ou la coiffure.
> Exemple pratique : pour modifier l'apparence du personnage tout en conservant son visage, écrivez : « en tenue de soirée et coiffure élégante --cref [URL copiée ici] --cw 50 ».

Capturer l'essence d'une image avec la méthode 4W1H

– **Quoi (*What*)** : identifiez la catégorie et le type d'image, qu'il s'agisse d'une photographie, d'un dessin ou d'un logo. Précisez également le style (cubisme, surréalisme, réalisme), le médium utilisé (graphite, encre, numérique) et la texture (lin, soie, papier).
– **Qui (*Who*)** : déterminez les protagonistes de l'image, qu'il s'agisse de personnes, d'animaux ou d'objets, et notez les sujets secondaires.
– **Où (*Where*)** : décrivez le cadre de l'action pour saisir le contexte et l'ambiance, qu'il s'agisse d'un intérieur élégant, d'un paysage urbain ou d'une nature sauvage.
– **Quand (*When*)** : estimez le moment capturé par l'image, qu'il s'agisse d'une époque spécifique, d'une saison ou du moment de la journée, ainsi que l'éclairage utilisé, naturel ou artificiel.
– **Comment (*How*)** : analysez les méthodes et techniques photographiques ou artistiques utilisées, telles que le cadrage, la perspective et le choix des couleurs, ainsi que l'impact de ces choix techniques sur la perception de l'image.
Avec cette méthode, vous obtiendrez une description complète et précise de l'image, utile tant pour la création que pour l'analyse d'un visuel. Elle peut également être appliquée dans d'autres contextes, comme pour réaliser une présentation.

Thibault a esquissé un aperçu des capacités de Midjourney à transformer nos pensées en images. Cependant, créer de l'art va bien au-delà de la génération d'un beau visuel. Devenir artiste est un parcours long et personnel, une quête de sens et d'expression, où chaque image produite n'est qu'un point de départ, un canevas sur lequel l'artiste imprimera sa vision unique. Midjourney est un nouvel outil à la palette des créateurs. Si nous devions le résumer en une phrase : vous avez désormais de l'or entre les mains.

Conseil :

Simple comme un jeu de cartes

Les premiers pas avec Midjourney et DALL-E sont rarement brillants, souvent marqués par des images sans intérêt, confrontant l'utilisateur à des prompts trop complexes. Dans ce contexte, Lucie Dhorne a conçu Creativ'Prompt, un jeu de cartes qui combine créativité et

génération d'images avec les IA. Ses 108 cartes, réparties en six catégories, facilitent l'apprentissage ludique de la photographie, du graphisme et de l'art.
Chaque catégorie, comme le « type de prise de vue », propose des choix variés, de la photo en pied au gros plan, et même des styles plus artistiques comme l'illustration ou la peinture fauve. Cela aide à maîtriser le vocabulaire spécifique et l'importance de la précision dans les prompts, car un mot mal choisi peut changer complètement le résultat. Avec des options en anglais et en français, Creativ'Prompt offre un guide structuré pour formuler des prompts clairs et précis, stimulant l'imagination selon la théorie de la créativité associative de Sarnoff Mednick[6]. C'est un outil idéal pour les débutants souhaitant concrétiser leurs idées. Pour plus d'informations, visitez https://tinyurl.com/carteprompt.

L'ESSENTIEL

- **La compréhension de l'architecture de l'IA (algorithmes, données d'entraînement et interactions humaines) est le premier pas pour sa maîtrise.**
- **En remplissant soigneusement les deux champs des instructions personnalisées, vous affinez la guidance des IA génératives pour des résultats plus précis et pertinents.**
- **L'art de poser les bonnes questions est facilité par une solide compréhension des principes fondamentaux et des bonnes pratiques, bien que l'importance de cette compétence soit surestimée.**

6. Sarnoff Mednick a proposé en 1962 une théorie selon laquelle la créativité résulte des associations d'idées. Pour plus d'informations : https://tinyurl.com/associationidees

- **La méthode CREATIVE** s'adapte à tous vos besoins en orientant l'IA, grâce à une approche fondée sur le contexte, le rôle, les exigences, l'angle, la tâche, les instructions précises, les variantes et l'élargissement, exploitant ainsi au maximum votre expertise.
- **L'Arbre de pensée** encourage à explorer différentes options avant de prendre une décision, promouvant une utilisation novatrice des IA génératives pour une efficacité maximale.
- Malgré **des résultats décevants des GPT** pour le moment, ces outils sont porteurs d'espoir pour la création de notre propre ChatGPT personnalisé, construit sur nos contenus.
- **La non-automatisation avec les IA représente un choix conscient** de maintenir la responsabilité humaine, résistant à la tentation de tout automatiser.
- **Midjourney est un outil créatif d'une puissance inégalée,** mais qui demeure complexe à maîtriser. Une compréhension approfondie de son fonctionnement est essentielle pour donner vie à vos idées.

CHAPITRE 4

Repenser le *branding* avec le prisme de ChatGPT

Executive summary

Le *branding* pour le marketing, c'est comme l'algorithme pour l'IA : chacun est le cœur de son univers. Ce chapitre explore comment l'intelligence artificielle réinvente le domaine du *branding*, enrichissant la création de marques qui captivent durablement l'attention et marquent les esprits.

- **Nos convictions** soulignent l'importance cruciale du *branding* pour établir un lien pérenne avec le consommateur.
- **Nos expérimentations** révèlent le processus créatif derrière le développement d'une marque, depuis le choix du nom jusqu'à la stratégie de contenu.
- **Nos découvertes** sur l'utilisation de l'IA, notamment à travers des outils comme ChatGPT et Midjourney, ouvrent de nouvelles possibilités créatives.
- **Nos observations** mettent en lumière l'impact profond de l'IA sur les campagnes publicitaires et l'identité sonore, enrichissant ainsi l'univers de la musique.
- **Nos réflexions sur le plagiat** abordent les problématiques complexes liées au plagiat dans la création assistée par IA.

En explorant le *branding* à travers le prisme de l'IA, voyons comment cet outil puissant peut augmenter nos capacités créatives pour créer des marques authentiques et distinctives.

Quand on aime, on ne compte pas... On apprécie une marque pour l'intelligence, l'inspiration, l'imaginaire ou la singularité qui s'en dégagent, mais aussi pour son authenticité et sa capacité à surprendre. Une marque forte incarne une ambition, un engagement, des valeurs, un amour du produit et une exigence qui transcendent le rationnel. Une marque pérenne est avant tout une marque qui vend et dont le prix des produits n'est pas le seul critère de décision dans l'acte d'achat !

LE *BRANDING* : AU-DELÀ D'UNE IMAGE, UNE STRATÉGIE

Nous sommes toujours surpris, et parfois agacés, de devoir justifier l'importance du *branding* pour une entreprise, un produit ou un professionnel. En définissant la personnalité de la marque, ses valeurs et son discours, le *brand content* construit une image unique et une identité forte, permettant de toucher son public et de se différencier de la concurrence.

Durant mon expérience en agence de communication, nous entendions des clients affirmer leur positionnement de marque : « Nous vendons de bons produits à un bon rapport qualité-prix. » Ma réplique habituelle était : « Existe-t-il des entreprises qui revendiquent l'inverse ? » Cet échange reflète le besoin en *branding* et de comprendre profondément l'entreprise, ses produits, ses concurrents et ses clients pour offrir une proposition de valeur unique.

Nous avons souvent constaté, y compris dans notre propre travail, un écart entre l'image souhaitée, l'image perçue et la réalité. Se déclarer le meilleur ne suffit pas pour convaincre le public, surtout si cela ne correspond pas aux faits. Entre promesses et réalité, le *branding* demande expertise, expérience et doit fidèlement refléter ce que l'on est. Parfois, le regard d'un expert externe est nécessaire pour affiner ou réajuster cette image. En définitive, maîtriser le *branding* est fondamental car un produit peut être copié, mais pas une marque !

Alors que j'étais encore un jeune Padawan, à peine nommé chef de marque pour un mastodonte du secteur alimentaire, je me suis retrouvé catapulté au cœur d'une étude consommateurs des plus révélatrices. Cette dernière portait sur un produit emblématique du terroir français : le foie gras.

Dans le cadre de cette étude, nous avons invité les participants à déguster huit marques de foie gras et à les noter selon une grille de critères – allant de l'apparence à la texture, en passant par le goût. Une note sur 20 couronnait l'évaluation de chaque marque, attribuée sous le regard des sondeurs.

Lors de cette première phase, les marques les plus emblématiques ont décroché les meilleures notes. Néanmoins, une deuxième phase allait venir chambouler ces résultats initiaux.

Cette fois, nous avions convié nos participants à la même dégustation, mais le nom des marques avait été soigneusement occulté, transformant l'exercice en *blind test* gustatif. Et là, surprise : le classement a été complètement bouleversé.

Cette révélation a été une véritable leçon de *branding*, révélant la puissance de la notoriété d'une marque, son identité visuelle, sonore, et même olfactive, sur la perception des consommateurs. Elle a façonné ma conviction que la marque doit être le point de départ et l'élément central de toute stratégie marketing. En réalité, nous achetons souvent une marque bien avant d'acheter le produit qu'elle représente.

COMMENT SCULPTER L'IDENTITÉ D'UNE MARQUE FORTE ET COHÉRENTE

En fouillant sur Google[1], nous découvrons des noms de marques pour le moins étonnants…

- Les assurances du groupe Mornay : un nom qui suscite une pensée inévitable : « Mourir… ? Pas vraiment la vision la plus enthousiasmante de la vie. »
- Les laboratoires VDM : à titre personnel, cela me rappelle l'expression « vie de m… », sans doute pas le message le plus attractif pour les futurs collaborateurs.
- Les Suceuses de l'Ouest : ici, je préfère m'abstenir de tout commentaire.

Ces exemples, tout en prêtant à sourire, soulignent de manière frappante l'impact de la perception d'une marque.

Travailler au cœur d'une entreprise peut voiler notre jugement, à cause de la familiarité avec son histoire, ses produits et l'influence de la hiérarchie, sans parler d'un éventuel écart avec les attentes de notre public. L'expérience de Nicolas Babin illustre bien le potentiel de l'IA dans les sphères décisionnelles. Lors d'une discussion avec Louis Gallois, il a évoqué l'exemple d'un PDG à Hong Kong intégrant un robot au conseil d'administration.

Nicolas explique : « Dans un conseil d'administration traditionnel, vous avez dix personnes avec leurs propres empathies, jeux politiques, et intérêts personnels. L'ajout d'un robot élimine ces variables humaines. » Cette approche, selon lui, est l'incarnation même de l'humain augmenté : « Le robot fournit des informations objectives,

1. Merci à Pierre Galouise pour ses pépites, https://tinyurl.com/piremarque

et c'est ensuite au PDG de prendre une décision éclairée. [...] Elle ne remplace pas l'humain ; elle l'augmente. »

Cette histoire révèle comment l'IA peut aider à filtrer nos biais dans la prise de décisions. Bien que les conseils externes soient précieux, ils peuvent aussi porter leurs propres préjugés ou intérêt, comme j'ai pu le constater avec certains consultants. Face à ces défis, ChatGPT se présente comme une solution pour offrir une perspective la plus neutre possible.

Demandons à ChatGPT son avis sur la perception d'une marque

Au début, nous pensions nommer ce livre et le site « Tsunami IA ». Mais après avoir consulté ChatGPT en testant différents personas, une vision claire est apparue.

Points positifs :

1. ***Force et impact*** *: le terme « Tsunami » évoque immédiatement des images de force, de puissance et de changement irréversible. Il suggère que l'impact de l'IA sur le marketing n'est pas seulement une évolution, mais une révolution – une transformation profonde et inévitable.*
2. ***Mémorabilité*** *: « Tsunami IA » est succinct, frappant et facile à retenir. Cela peut aider à assurer une reconnaissance rapide de la marque et à maintenir la marque dans l'esprit des gens.*
3. ***Appel à l'action*** *: le nom porte en lui-même un sentiment d'urgence. Pour les marketeurs et les communicateurs, cela peut sonner comme un appel à se mettre à jour et à s'adapter rapidement aux nouvelles réalités que l'IA apporte au domaine.*

Points négatifs :

1. ***Connotations potentiellement alarmistes*** *: « tsunami » peut évoquer des sentiments de peur, de perte et de destruction. Pour certains, cela pourrait suggérer que l'impact de l'IA sur le marketing est principalement perturbateur et dangereux, ce qui pourrait décourager ceux qui sont déjà hésitants à propos de l'intégration de l'IA.*

2. ***Manque de spécificité** : bien que « Tsunami IA » soit mémorable, il ne donne pas beaucoup de détails sur la nature précise de la marque, ses services ou sa philosophie. Il pourrait être bénéfique de l'associer à un slogan ou à une sous-marque qui offre plus de contexte ou qui transmet une nuance plus positive.*

3. ***Résonance culturelle** : le mot « tsunami » peut avoir une résonance culturelle spécifique et pourrait être perçu de manière très différente selon le contexte géographique et culturel, ce qui pourrait affecter l'accueil de la marque sur différents marchés.*

Après réflexion, nous avons réalisé que ce n'était pas l'image que nous souhaitions véhiculer.

Et si nous nous aventurions dans le jeu de la création d'une marque ?

Au retour de vacances sur le mont Pélion en Grèce, notre quête d'approfondissement autour de l'idée du centaure nous a conduits à l'ouvrage *Tous centaures ! Éloge de* l'hybridation[2], de la philosophe Gabrielle Halpern, une œuvre qui résonnait parfaitement avec nos convictions. Comme elle le souligne :

« La conquête des centaures est à appeler de nos vœux. Elle n'est pas acquise, elle ne le sera jamais. Elle est fragile et constamment menacée. Nous devons la souhaiter ardemment, car les centaures nous rendent meilleurs : plus intelligents, plus tolérants, moins dogmatiques, moins catégoriques, plus créatifs. Mais pour que cette conquête soit réussie, nous devons d'abord apprendre à nous remettre en question et à accepter ce qui est hybride, contradictoire, hétérogène en nous-mêmes. Parce qu'après tout, nous sommes peut-être tous des centaures[3]. »

2. Paru en 2020 aux Éditions du Pommier.

3. Je ne désespère pas de pouvoir la rencontrer. Extrait de son intervention de juin 2019, https://tinyurl.com/merecentaure

Inspirés par cette étincelle, nous explorons avec ChatGPT une multitude de combinaisons de mots clés, jusqu'à ce que l'expression « Centaure du marketing et de l'IA » émerge, capturant l'idée simple et efficace que nous cherchions à exprimer. Cependant, l'élaboration du logo s'est avérée être un parcours beaucoup plus ardu. Les premières esquisses, centrées autour de la figure classique du centaure, étaient trop *old school* à notre goût. Il était temps de prendre du recul et de mieux formuler nos attentes :

- **Mots clés** : centaure, marketing, IA, et pourquoi pas réintégrer *La Grande Vague de Kanagawa*, cette représentation puissante de l'impact de l'IA sur notre monde. C'est aussi le concept initial à l'origine de *Tsunami IA*.
- **Graphiquement** : l'orange, couleur symbole d'émulation, de communication et d'innovation, qui se marie parfaitement avec le noir. Cette palette incarne l'optimisme et la détermination, des valeurs au cœur de notre vision du marketing et de l'IA.
- **Style** : épuré et design.
- **Typographie** : élégante avec une touche de créativité, à l'image des polices de type Chalet.

Malgré ces directives plus claires, les résultats n'étaient toujours pas à la hauteur, gravitant inlassablement autour de représentations littérales du centaure. Alors, pourquoi ne pas jouer subtilement avec la lettre « C » de centaure, l'imaginant domptant la grande vague de l'IA ? Ainsi est né le logo, un symbole puissant qui encapsule toutes nos aspirations.

Cette démarche créative illustre l'approche centaure avec l'IA. Même avec les meilleurs prompts, l'IA n'aurait pu concevoir ce concept et ce logo par elle-même, et seuls, nous n'aurions pas été certains d'atteindre ce résultat. Par moments, l'IA a nourri l'étincelle, donnant forme à une flamme. Les idées les plus profondes sont nées de l'esprit humain, enrichies par nos expériences, nos voyages, nos lectures, nos rencontres, nos découvertes, reflétant véritablement qui nous sommes. Auparavant, il était difficile de donner vie à toutes les idées, n'ayant pas un budget illimité pour collaborer avec des créatifs et des graphistes, ne maîtrisant pas suffisamment les outils de graphisme ou manquant tout simplement de temps.

Les Iron Man des prompts proclament pouvoir générer un logo avec une IA en quelques minutes. Mais est-ce sérieux de déléguer complètement à une IA l'élément le plus important de votre marque pour votre entreprise ou de votre *personal branding*[4] ?

Et si nous essayions de créer un slogan aussi emblématique que « Just Do It »... ?

COMMENT FORGER DES SLOGANS ET MESSAGES CLÉS À FORT IMPACT

Lorsqu'on entend « Nous n'avons pas les mêmes valeurs » ou « Just Do It », certaines marques et leurs valeurs nous viennent instantanément à l'esprit. Un slogan efficace doit capturer l'essence d'une marque et communiquer ses valeurs instantanément. Il agit comme un porte-voix, une vitrine et un rappel constant de ce que la marque représente.

Créer un tel slogan exige une compréhension de l'histoire, de l'ADN, des valeurs, du public et des objectifs de la marque. L'intelligence artificielle, comme ChatGPT, facilite l'analyse des tendances et des préférences des consommateurs tout en stimulant la génération d'idées créatives par des associations de mots ou d'idées – parfait pour créer des mariages improbables. L'IA peut aussi aider à générer des phrases courtes qui nous touchent comme un *uppercut*.

4. Stratégie permettant aux individus de promouvoir leur image, compétences et valeurs pour se distinguer professionnellement.

En fournissant à ChatGPT un brief complet et précis, vous pouvez rapidement obtenir plusieurs options de slogans parfaitement adaptés à vos désirs. Prenons l'hypothèse que nous déposons la marque « Centaure du marketing et de l'IA » et que nous avons besoin d'un slogan autour des idées de centaure, de vague, d'IA et de marketing. Après avoir généré un dictionnaire à partir des mots clés, voici quelques propositions générées par ChatGPT parmi une cinquantaine :

- « Chevauchez la vague de l'IA »
- « Galopez vers l'avenir »
- « Domptez le digital »
- « Cavalier de l'innovation »
- « Forgez votre chemin »

Voici le slogan retenu après l'avoir remanié : « Domptez la vague de l'IA ! » et l'accroche pour mon site : « Domptez la vague de l'IA avec le centaure du marketing ». Avec ChatGPT, vous générez un nombre illimité de combinaisons à partir d'une idée ou de mots clés pour nourrir votre réflexion ; ensuite c'est à vous de décider !

Cette collaboration démontre parfaitement l'approche centaure, où 1 + 1 ne font pas 2, mais 3, instaurant une dynamique où l'ensemble transcende la somme de ses parties. C'est précisément l'esprit de « Think Different » – un appel à innover, à repenser et à se réinventer !

Décryptage d'un slogan avec ChatGPT

Demandons à ChatGPT de nous expliquer le slogan « Nous n'avons pas les mêmes valeurs » (petit clin d'œil à mon premier employeur). Voici sa réponse :

Bien sûr ! Le slogan « Nous n'avons pas les mêmes valeurs » de Bordeau Chesnel est un exemple de communication astucieuse qui joue sur plusieurs niveaux de signification.
Différenciation *: au premier abord, le slogan suggère que Bordeau Chesnel se distingue de ses concurrents. En disant « nous n'avons pas les mêmes valeurs », la marque affirme qu'elle possède quelque chose d'unique, que ce soit en termes de qualité, d'authenticité, de tradition ou d'autres aspects qui la rendent différente et, implicitement, supérieure.*
Jeu de mots *: en français, le mot « valeur » peut avoir plusieurs significations. Il peut se référer à des principes moraux ou éthiques, mais aussi à la valeur monétaire d'un objet. Le slogan joue sur cette dualité, suggérant que non seulement les produits de Bordeau Chesnel sont d'une qualité supérieure, mais aussi que la marque elle-même est guidée par des principes et standards éthiques élevés.*
Connexion émotionnelle *: en évoquant des « valeurs », le slogan cherche à établir une connexion émotionnelle avec le consommateur. Les valeurs sont profondément personnelles et évoquent des sentiments forts. En suggérant que la marque a des valeurs fortes et distinctes, Bordeau Chesnel cherche à créer un lien émotionnel avec ses clients.*
Provocation *: le slogan est également un peu provocateur. En disant « nous n'avons pas les mêmes valeurs », il y a une certaine audace, comme si la marque lançait un défi à ses concurrents et affirmait sa supériorité.*
En résumé, ce slogan est un excellent exemple de la manière dont une phrase simple peut véhiculer de multiples messages et émotions, tout en renforçant l'image de marque et en établissant une connexion avec le consommateur.

ÉLABORATION D'UNE CHARTE RÉDACTIONNELLE

À une époque où j'avais encore tous mes cheveux, le mot « charte » me faisait froncer les sourcils, une réaction instinctive de mon côté créatif qui craignait l'enfermement. Pourtant, l'expérience m'a appris à percevoir la charte non comme une entrave, mais comme un cadre souple favorisant l'expression tout en assurant de conserver une cohérence.

Avant de nous lancer frénétiquement dans l'écriture, faisons appel à ChatGPT pour élaborer une charte rédactionnelle. Cette charte définit le ton, le style et les règles d'écriture. Elle servira de guide, afin d'assurer que chaque contenu suive une ligne éditoriale cohérente et véhicule l'image de marque souhaitée.

1. **Ton** : adopter un ton professionnel et informatif, tout en étant accessible et engageant pour les lecteurs issus de différents horizons professionnels.
2. **Style** : utiliser un langage clair et précis, éviter le jargon technique lorsque cela est possible, et privilégier des phrases courtes et concises.
3. **Structure** : chaque article devrait comporter une introduction captivante, un corps de texte organisé en sous-titres et listes à puces, et une conclusion qui résume les points clés et incite à l'action ou à la réflexion.
4. **Sources** : assurer la fiabilité des informations en citant des sources crédibles (études scientifiques, rapports, sondage, etc.) que l'on aura vérifiées et en ajoutant des liens externes vers ces sources.
5. **Visuels** : en respectant la charte graphique, intégrer des images et des infographies pour renforcer les propos et rendre le contenu à la fois attractif et ludique.

6. **SEO** : insérer des mots clés pertinents et des métadonnées pour optimiser le référencement naturel de ses contenus (voir la section « ChatGPT : l'atout maître pour le référencement » au chapitre 5). Pour renforcer l'identité de la marque, il est conseillé de favoriser l'insertion de mots clés en utilisant un dictionnaire spécifique autour de la marque.

En suivant cette charte rédactionnelle, vous disposerez d'un cadre pour écrire d'une même plume vos prochains contenus. Écrire dans le respect de ces directives, c'est un peu comme danser une salsa[5] : il y a une structure, mais il reste de la place pour l'improvisation et la créativité !

BOOSTER VOTRE STRATÉGIE DE CONTENU AVEC CHATGPT

Soyez cohérent ! Cet impératif, souvent répété par nos mentors, représente un des défis majeurs de notre métier. Aspirer à la cohérence dans un monde où les supports de communication s'étendent du *print* au digital est une quête utopique. Apprenons à tendre vers cet objectif tout en étant conscients que la perfection n'existe pas.

Voici comment ChatGPT nous accompagne avec sa rigueur analytique :

1. Définition et suivi des objectifs

ChatGPT analyse les tendances du marché et les performances de contenus similaires pour formuler des objectifs mesurables et pertinents.

5. Cela me rappelle une vidéo que j'aime utiliser pour expliquer le marketing en deux minutes à des novices : https://tinyurl.com/salsamarketing

Conseil : ne multipliez pas les KPI. Choisissez des indicateurs robustes, constants dans le temps et facilement mesurables. Évitez les changements fréquents qui pourraient brouiller votre analyse. Et surtout, n'oubliez pas que les KPI doivent vous aider à prendre des décisions.

2. Connaissance du public cible

ChatGPT décortique les données démographiques et comportementales pour créer des personas détaillés, offrant une base pour des contenus ciblés et pertinents.

Conseil : créez avec les GPT des personas détaillés et utilisez-les pour générer ou tester vos idées de contenu, de produits ou de services adaptés.

3. Audit de contenu

ChatGPT examine votre contenu et suggère des pistes d'amélioration ou de nouveaux sujets à aborder.

Conseil : créez un GPT personnalisé contenant votre charte graphique et éditoriale pour vérifier la cohérence de vos nouveaux projets avant publication.

4. Contenu adapté à votre CMS

Bien que ChatGPT ne puisse choisir un CMS pour vous, il peut vous aider à élaborer du contenu adapté à la plupart des plateformes, facilitant ainsi la publication.

Conseil : déléguez les tâches répétitives et sans valeur ajoutée à votre assistant artificiel préféré.

5. Détermination du type de contenu à créer

ChatGPT recommande des formats de contenu adaptés aux tendances actuelles et aux préférences de votre public.

Conseil : rentabilisez vos contenus en les déclinant sous différents formats grâce aux outils IA.

6. Création d'un calendrier éditorial

ChatGPT peut vous aider à élaborer un calendrier fondé sur les moments clés pour engager votre public, garantissant une communication régulière et stratégique.

Conseil : pour plus de détails, reportez-vous à la section « Planification d'un calendrier de publication » au chapitre 5.

7. Création et publication de contenu

ChatGPT génère des ébauches, des idées pour des articles de blog, des scripts vidéo, et bien plus encore.

Conseil : utilisez l'IA pour faire de la veille sur vos concurrents directs ou indirects et ne passez pas à côté des bonnes idées. Cependant, veillez à faire clairement la distinction entre inspiration et duplication pour éviter tout risque de plagiat (voir, plus loin dans ce chapitre, la section « Plagiat or not plagiat ? »).

8. Gestion et promotion du contenu

ChatGPT contribue à rédiger des descriptions convaincantes pour les réseaux sociaux, les e-mails et d'autres canaux de promotion, assurant que votre message atteigne et engage votre audience.

Conseil : évitez de surcharger le contenu original lors de vos efforts de promotion. Utilisez ChatGPT pour créer des déclinaisons claires et cohérentes sur tous les canaux.

ChatGPT s'est avéré être un précieux assistant augmenté pour peaufiner notre stratégie de contenu. Néanmoins, gardez à l'esprit que ChatGPT opère selon les principes de GIGO (*Garbage In, Garbage Out*) et QIQO (*Quality In, Quality Out*). L'IA est limitée par la qualité des informations qu'elle reçoit. Comme le disait Jean-Pierre Coffe dans un autre contexte, « si les ingrédients sont de la m…, le résultat le sera aussi ! ».

CHATGPT, SIMPLE SCRIPTEUR ?

Des experts hésitent à partager leurs savoirs, intimidés par l'Everest que représente l'écriture. ChatGPT est-il ce scribe salvateur capable de briser les chaînes du syndrome de l'imposteur ? Son utilisation est-elle judicieuse ? Oui, selon le contexte. Pour un rapport, un e-mail interne, un résumé ou un compte rendu, sans aucun doute. Pour un article, un discours ou un livre, il agit comme une seconde voix durant la relecture. Luc de Brabandere illustre avec éloquence ce point de vue.

TÉMOIGNAGE

Luc de Brabandere

Écrire, ce n'est pas décrire. ChatGPT peut certainement décrire ce qu'est une locomotive à vapeur, mais quand, dans son livre *La Bête humaine*, Émile Zola dépeint une locomotive à vapeur, le lecteur s'en retrouve presque incommodé par la chaleur, le bruit et la fumée. Il a envie d'aller se laver les mains ! Écrire, ce n'est pas transcrire et encore moins retranscrire. Que c'est désagréable de lire le texte d'un discours. Que c'est ennuyeux de lire le procès-verbal d'une réunion, qu'en toute logique on devrait appeler procès-écrit, et auquel on vous demande de… souscrire. *To chat* veut dire discuter. Un WriteGPT est impossible. Écrire, c'est chercher en permanence le mot juste, le synonyme adéquat, la figure de style percutante. Écrire, c'est s'impliquer, c'est expliquer, c'est débattre, c'est se battre. Écrire, c'est exposer et surtout s'exposer. C'est offrir, et aussi souffrir, comme l'expriment admirablement ces alexandrins de Victor Hugo :

Et je n'ignorais pas que la main courroucée qui délivre le mot, délivre la pensée.

Dans son discours sur le style, Buffon affirmait déjà :

Ceux qui écrivent comme ils parlent, quoiqu'ils parlent très bien, écrivent mal.

ChatGPT écrit comme il calcule et, quoiqu'il calcule très bien, écrit tout aussi mal.

Posons maintenant cette question à Laura Sibony : « Déléguer l'écriture à une IA : mythe ou réalité ? ». Voici sa réponse.

TÉMOIGNAGE

Laura Sibony

Vivien était consultant en responsabilité sociale et environnementale pour des petites et moyennes entreprises, mais il se présentait plus volontiers comme « expert RSE pour PME » : ça allait plus vite, et ça décourageait les questions. Il parlait souvent de démissionner. Prendre un métro bondé pour faire des slides, faire des slides pour payer son loyer, payer son loyer pour prendre un métro bondé, c'était absurde et il le voyait bien. Il parlait souvent de démissionner, il y pensait plus souvent encore, seulement il n'osait pas. À la place, il se défoulait dans un roman où il caricaturait ses collègues. *Le capitalisme mourra d'indigestion* – c'était le titre, et c'était tout un programme. Le sujet parut nouveau, mystères de l'édition. On vanta sa « plume contemporaine », ses portraits au goût de café amer, ses « acrobaties acronymiques ». Il saisit l'occasion, et dans la foulée de ses dédicaces, signa une lettre de démission. Seulement, la promotion d'un livre ne dure pas éternellement. Il commença un nouveau livre, sur le même thème, qui satisfit le même public. Son éditeur en redemanda. Depuis, il vivait comme le font les vieux couples qui n'ont plus rien à se dire : il tenait au roman par nécessité et par habitude. Il fonctionnait l'écriture, régulièrement, laborieusement. Chaque année un nouveau livre. C'était réglé : de janvier à mars l'hibernation, d'où sortait un premier jet ; d'avril à juin la floraison, relecture et correction ; pendant les grandes vacances la version définitive ; et en septembre la rentrée littéraire et la promotion. Il s'y résignait comme à un destin. Des startuppers, qui l'avaient lu, étaient flattés de l'inviter à prendre un café et s'épanchaient sur leurs problèmes au bureau, ils bavaient une matière assez médiocre, que Vivien filait ensuite, tordait et tressait pour en faire le fil de son prochain ouvrage. Il s'était toujours dit : « Si je me prends un procès en diffamation, tant mieux ! Cela fera vendre. » Mais ses modèles ne se reconnaissaient jamais. Au début, il avait trouvé un plaisir d'écolier à écrire en secret ses caricatures. Mais depuis sa démission, il se sentait déserteur. La bourgeoise rigueur de son rythme de travail, son refus d'innover ou de dévier de ses thèmes favoris, n'étaient chez lui qu'une excuse. Il tâchait de se faire pardonner de n'être plus aux neuf vingt-deux, de ne plus entendre des « je t'envoie le brief à la fin du call », et surtout de lire son nom sur la couverture d'un livre qui n'avait pas reçu la bénédiction hiérarchique. Il s'ennuyait et se sentait coupable. En décembre 2022, il retrouva l'excitation d'école buissonnière, les essais secrets et un peu honteux de ses premiers textes : il testa ChatGPT. Il lui demanda d'abord, timidement : « Complète cette phrase », et lui donna des citations à développer. Puis ce fut : « Complète ce paragraphe », puis : « Développe cette idée. » Enfin : « Écris ce roman. » La boîte de Pandore était ouverte. Il trouva le texte mauvais : fade, plat, sans images ni originalité, sans rien de ce qui fait l'intérêt d'une lecture. Pas de relief. Aucune de ces aspérités qui accrochent et amusent l'attention. C'était un roman au visage terne et inexpressif, absolument insignifiant, un visage à se faire dépasser dans la queue du supermarché sans protester. Vivien ne trouvait plus de comparaison assez dure pour flétrir les productions de la machine. Lui, naturellement, écrivait mieux. Il n'était pas Victor Hugo, certes, et le répétait avec l'air de suggérer le contraire, mais il avait créé des personnages hauts en couleur, et il avait des trouvailles de style – il rappelait qu'un journal avait parlé d'« acrobaties acronymiques ». Il sortit même l'un de ses livres, pour le prouver à son interlocuteur. Il prit une phrase au hasard et pâlit. Il tenta une autre. Il se sentit soudain envahi par la honte, et rit pour donner le change. Dès qu'il se trouva seul, il se relut. Tandis qu'il écrivait, il s'en souvenait très bien, ses personnages avaient du mordant, de la personnalité, du caractère. À présent, à la relecture, le goût avait passé comme un thé qui s'évente. Il eut une brève période d'hésitation, qui ne dura guère : la morale lui était toujours apparue comme un encombrant anachronisme. Il finit par générer ses romans sur ChatGPT, et ne les corrigeait encore que par acquit de conscience. Il ne se sentait plus déserteur, mais mercenaire. Il connaissait ce raffinement de plaisir de tromper les trompeurs. Allez voir en librairie : son dernier ouvrage vient de sortir, et s'intitule *Le capitalisme a encore faim.*

Cette nouvelle, avec ses idées et son écriture riche en figures de style, illustre la différence entre un texte incarné par son auteur et un texte généré par la machine de Vivien. En tant que lecteur, que préférez-vous ?

En prônant la démarche centaure, nous devions tester les outils d'IA qui promettent de rédiger des articles en quelques minutes. Face à des tests souvent biaisés par les utilisateurs, il est préférable qu'Idriss Khouader, cofondateur de la solution SEOpital, génère un article sur « La curation de contenu avec l'IA ». Son outil propose d'ajouter vos propres *insights* pour enrichir l'article, une option que Khouader admet être rarement utilisée, indiquant une tendance à déléguer entièrement la création de contenu à l'IA. À vous de découvrir le résultat et de vous forger votre opinion sur la qualité du texte.

http://dunod.link/3hi51h6

Concluons avec Yann Gourvennec, l'un des fondateurs du collectif « du contenu 100 % humain »[6].

6. www.humansubstance.com

TÉMOIGNAGE

Yann Gourvennec

Produire un texte à partir d'une machine peut paraître extraordinaire pour beaucoup d'entre nous. En fait, il n'en est rien. Parmi les premiers travaux de l'intelligence artificielle, dans les années 1950, on trouve des tentatives de production de poèmes, plus ou moins réussis, dans le style de Victor Hugo.

La composition de texte sur la base de formules mathématiques n'est d'ailleurs pas quelque chose de véritablement nouveau. Les membres de l'Oulipo se sont livrés à ce genre d'exercices, comme Raymond Queneau dont le roman *Loin de Rueil* a été entièrement écrit sur la base d'une formule mathématique.

La question de savoir si le texte est bon ou mauvais est une autre affaire. C'est déjà certainement une question de goût et de style. Certains aiment écrire en ajoutant des points d'exclamation et des formules parlées à toutes les lignes. D'autres vont détester cela. Mais qui a raison ? Certes, les modèles de génération de langue sont verbeux, très verbeux, et adorent le style ampoulé. Mais je ne doute pas que cela soit facile à corriger dans les années qui viennent. Et à tout prendre, je dirais qu'ils écrivent mieux, ou en tout cas pas plus mal, qu'environ 90 % de la population.

La véritable question n'est pas là. Certes, on peut produire des textes sur la base d'algorithmes et ce n'est pas pire que le contenu SEO cher aux marketeurs digitaux, un contenu répétitif et peu intéressant. Les IA génératives de texte sont une extension de ce principe. Bien entendu, beaucoup plus sophistiquée. Et à tout prendre, si elles permettent de se débarrasser de ces contenus de référencement bas de gamme, formels et répétitifs, autant en profiter.

Là n'est pas la question donc, mais où est-elle, alors ?

La véritable interrogation autour de ces producteurs de textes est plus philosophique. En fait, elle n'est pas de savoir si l'on peut créer un texte ni même si celui-ci est bon, mais de comprendre pourquoi on l'écrit et dans quel but. *To write or not to write, that is the question!*

Et ce n'est pas affaire de qualité de langue, de syntaxe, ni de grammaire (une question qui n'est pas facile à résoudre tant la grammaire française est incomplète, incertaine, récente et enfin, si peu en phase avec les usages).

Ce n'est pas une question formelle, mais une question de fond, un véritable problème de philosophie et de sens. En fin de compte, si l'Internet et nos bibliothèques sont noyés de texte écrit par des machines, qui doit les lire ? D'autres machines ? Et pour quoi faire ?

Voici la seule question qui vaille : « Pourquoi écrivons-nous et pourquoi lisons-nous ? » Ce qui en déclenche une autre par conséquence : « Qui est la personne qui m'écrit en ce moment et pourquoi devrais-je l'écouter plutôt qu'une autre, quelle est son autorité ? ».

Tel est le sens de notre initiative 100 % humaine. Il n'est pas question de prétendre que nous écrivons bien ni que notre grammaire est parfaite. Car elle ne l'est pas et ne le sera probablement jamais. Par contre, les expériences et les analyses que nous menons au travers de nos blogs et de nos sites viennent bien de nous. Elles sont nourries de notre expérience du terrain, de notre travail, de notre pratique... et non d'un assemblage statistique mis en œuvre par une machine sur la base d'un corpus qui nous est étranger. C'est là qu'il faut chercher et non ailleurs.

Rendons ce mérite à l'IA générative. Grâce à elle vous n'écrirez ni ne lirez plus jamais comme avant. Et de même pour les IA génératives d'images : lorsque vous aurez été gavés de leurs productions stéréotypées, vous finirez par crier grâce et produirez vos propres images, peut-être techniquement moins bonnes, mais humaines et vous aurez compris l'authenticité, la valeur, l'utilité et la beauté qu'elles procurent. Ou mieux encore, vous vous en servirez pour les « hacker », les prendre, les désosser, les décombiner, recombiner, dans un processus créatif qui est le propre de l'Homme et se joue des machines. *Ad nauseam*.

CHATGPT X MIDJOURNEY : SCULPTEURS DE VOS IDÉES[7]

Dans l'univers du *branding*, contenu et forme sont indissociables, constituant deux facettes d'une même médaille, chacune ayant son importance. Face aux nombreux débats entourant l'IA, notamment sur la question soulevée par Aurélie Jean : « Pourquoi devons-nous parler d'IA générative plutôt que d'IA créative ? »[8], où il est suggéré qu'une IA ne crée pas mais génère, j'ai posé la question à Flavien Chervet.

7. Le « x » désigne communément le fait que deux marques s'associent (collaboration ou synergie entre deux entités ou concepts).

8. Article du 30 novembre 2023 : https://tinyurl.com/pourquoi-ia

TÉMOIGNAGE

Flavien Chervet

Je défends l'idée que des algorithmes peuvent être créatifs au sens fort du terme, et même avoir une créativité autonome. Je différencie trois types d'algorithmes doués de créativité que j'appelle « C-Borgs » pour « Creative-Borgs ». Les algorithmes comme Midjourney sont du type 1. Je suis d'accord qu'ils ne font que générer du contenu en fonction d'intentions humaines. Les algorithmes de ce type restent des outils au service de notre créativité. Ils n'ont pas une élaboration créative. Mais il y a ceux du type 2 et ceux du type 3… Et ceux-ci peuvent réellement être créatifs. Ils n'apprennent pas le monde à partir des données humaines mais en l'explorant par eux-mêmes et peuvent donc découvrir des rapports au monde que nous n'aurions jamais imaginés. Justement parce qu'ils ne sont pas humains, ils peuvent être particulièrement créatifs en découvrant ce que nous ne pouvons pas voir !

Cette réalité va être très difficile à accepter car nous sommes dans une société judéo-chrétienne, où la création est associée à Dieu et à l'ordre du mystique. C'est le « Que la lumière soit » initial… !

Cela nous amène à un point crucial : notre société a longtemps vu la créativité comme une sorte de don divin, presque mystique. Le poète est inspiré par les muses qui déposent le message des dieux dans son esprit. Ce romantisme culturel, qui voit l'artiste comme un traducteur de quelque chose de divin, est en réalité une illusion. La créativité est un processus cognitif que nous commençons à bien comprendre aujourd'hui. La créativité n'est pas magique ; elle est un processus cognitif de haut niveau qui mobilise de nombreux autres processus cognitifs.

Mais en plus, la créativité n'est pas l'apanage de l'humain. La créativité est aujourd'hui définie par la science comme la capacité à réaliser une production à la fois neuve, originale et adaptée. Or on trouve cette capacité chez certains animaux. Des comportements créatifs ont été largement démontrés chez les grands singes, et même chez d'autres grands mammifères comme les éléphants et les baleines. Arthur Koestler, dans son livre *Le Cri d'Archimède*, parle de ces comportements créatifs chez les animaux. L'évolution elle-même est un processus créatif qui, par sa structure, donne naissance à une diversité d'espèces originales et adaptées à leur environnement. La Nature est une excellente créative aveugle !

Finalement, cela permet de « naturaliser » la créativité, de l'extraire d'une vision anthropomorphique et de généraliser. Tout à coup, la question des machines créatives devient pensable. La question n'est alors plus seulement de savoir si les machines peuvent être aussi créatives que l'humain, mais même si elles peuvent être… plus créatives que l'humain. Et ma réponse est oui.

Avez-vous entendu parler du Théâtre d'opéra spatial[9] de Jason Allen, qui a été primé dans un concours d'art aux États-Unis ? Utilisant l'IA comme outil créatif, il a remporté le concours et suscité un débat médiatique sur la légitimité de l'art généré par IA.

Cela soulève des interrogations : sommes-nous réellement les auteurs d'une œuvre cocréée avec une IA ? Est-ce le début d'une création totalement inédite, ou simplement une nouvelle variation sur des bases déjà existantes ? Ces questions, explorées dans la section « Plagiat or not plagiat ? », se trouvent au cœur de l'utilisation de l'IA dans le processus créatif. En guidant l'IA tel un chef d'orchestre, un artiste transforme ses idées en œuvres, bousculant ainsi notre conception traditionnelle de la création artistique.

Écoutons le dialogue entre art et IA à travers aurèce vettier, le pseudonyme de Paul Mouginot, formé à partir d'un algorithme, qui trace une voie artistique à la fois collaborative, ouverte et hybride. En utilisant l'IA pour sculpter de nouvelles formes et les métamorphoser en œuvres d'art, il considère l'IA non pas comme une finalité, mais comme un moyen d'enrichir sa créativité. À ce propos, aurèce vettier explique :

« Beaucoup, à tort, voient les modèles de langage comme des moteurs de recherche. Ce qui est certain, c'est que leur potentiel de digestion des données est immense. L'interaction avec une IA permet une introspection très fine, un échange dynamique entre l'humain et la machine. C'est un processus de sélection engageant, qui élargit les possibilités artistiques offertes par l'IA. Les modèles d'apprentissage que j'utilise transcendent leur rôle initial ; ils sont adaptés, ajustés et enrichis par mes propres données, ce qui permet au produit final de porter ma signature personnelle. »

Dans le cadre de sa collaboration avec Gucci, il détaille :

« Pour le centenaire de Gucci, sur la proposition de A Magazine Curated By, j'ai utilisé les descriptifs marketing et les visuels de leur collection de parfums "Botanist Garden" avec mes écrits via une IA, générant

9. https://tinyurl.com/Theatre-ia

une série de peintures très hybrides. Cette démarche illustre comment l'IA peut stimuler l'inspiration, offrant une nouvelle dimension à la créativité traditionnelle. »

aurèce vettier envisage que l'IA transformera le paysage artistique en augmentant les exigences créatives :

« La démocratisation de l'IA nous incite à repenser la place de l'artiste. Au-delà de l'objet ou de l'expérience de l'objet, il s'agit peut-être de proposer une aventure riche, innovante et émotionnelle, où le narratif joue un rôle central, permettant à l'œuvre de résonner de manière unique pour chaque spectateur. »

Dans un monde inondé d'informations et d'images, ce sont les nuances subtiles et la narration qui captivent, que ce soit dans l'art, la communication ou le contenu de marque.

Magazine *LHC* : Quand 99 % du contenu est assisté par l'IA

J'étais initialement sceptique, mais le magazine *LHC – Les Heures claires*[10] m'a rapidement séduit, tant par la qualité des illustrations que par son approche décalée. Déterminé à en savoir plus, j'ai contacté Rémi Rostan, l'humain derrière cet OVNI. Il utilise huit IA dont Midjourney et Stable Diffusion pour générer les images, ensuite peaufinées en postproduction avec Photoshop. ChatGPT lui prête main-forte pour la rédaction des textes et des interviews avec de « vrais » humains.
Il m'explique qu'en tant que photographe pour Google Street View, il a parfois ressenti que son élan créatif était bridé. Quand je lui ai demandé s'il avait déjà envisagé ce projet auparavant, il a répondu sans détour : « Jamais de la vie ça ne m'a traversé l'esprit. Je n'avais aucun talent pour le dessin. J'avais certes des idées, mais c'est ma rencontre avec ces outils d'IA qui a révélé mes désirs créatifs profondément enfouis. » Grâce à Midjourney, il parvient à concrétiser environ 80 % de ses concepts initiaux, parfois après deux jours de travail acharné sur un seul prompt.

10. À découvrir sur https://studiolhc.art

« Parfois, quand mon idée de départ est floue, je me laisse agréablement surprendre par l'IA », ajoute-t-il. C'est une illustration de la capacité de l'IA à révéler et à amplifier la créativité latente.

L'IA ACTRICE DE CAMPAGNES PUBLICITAIRES

Les marques Undiz et Martini ont adopté l'IA pour créer les visuels de leurs campagnes publicitaires. Suivez-moi dans les coulisses…

Undiz : plongée dans les eaux profondes de l'IA[11]

L'été 2023 a vu Undiz adopter une approche inédite pour sa campagne publicitaire : réaliser un shooting photo sous-marin à l'aide de l'IA. Le défi technique était de taille, mais la marque a su tirer parti de cette technologie innovante pour créer des visuels stupéfiants. En collaboration avec l'agence CowBoys et grâce aux outils Midjourney et Stable Diffusion, Undiz a créé des images sous-marines saisissantes démontrant les capacités des IA pour enrichir la créativité humaine.

Martini : à la santé de la communication IA

Pour sa part, Martini a utilisé l'IA de manière originale dans sa campagne « Unbottling Martini ». Midjourney a généré neuf visuels

11. Source et images : https://tinyurl.com/publicite-ia

uniques, chacun illustrant les ingrédients emblématiques des boissons Martini. Cette utilisation novatrice de l'IA soulève des questions passionnantes sur la propriété du contenu et les implications pour les professionnels de la publicité.

Ces cas illustrent comment l'IA révolutionne l'industrie publicitaire, offrant de nouvelles avenues pour la créativité. Néanmoins, ils mettent également en évidence la nécessité d'une réflexion éthique et réglementaire que nous aborderons dans la section « Le dédale des droits d'auteur » au chapitre 8.

Benjamin Dehant, centaure du *design thinking* et de l'IA

Sur LinkedIn, où l'éphémère côtoie souvent l'insignifiant, certains individus attirent ma curiosité. Benjamin Dehant, cofondateur du blog madebyai.xyz, se distingue comme un centaure redéfinissant les domaines du *design thinking* et de l'IA. Il ne se contente pas d'observer mais agit en tant qu'acteur de cette transformation.

L'intégration naturelle de ChatGPT dans son métier

Benjamin ne perçoit pas ChatGPT comme un simple outil additionnel mais plutôt comme une extension de son espace créatif. Il le considère comme un partenaire de *brainstorming*, un collaborateur qui éclaire son chemin avec des idées neuves et étonnantes. « Il est pour moi, dit-il, un cocréateur dynamique, souvent en étant la voix qui pousse ma pensée vers des territoires non explorés. » Cette collaboration étroite avec ChatGPT lui permet d'exploiter une source inépuisable d'inspiration, engendrant de nouveaux contenus qui marient son intuition humaine à l'IA.

Sa clé avec ChatGPT : l'expertise

Pour Benjamin, posséder une solide expertise dans un domaine spécifique est indispensable pour libérer pleinement sa créativité et tirer pleinement parti de ChatGPT. « Sans cette connaissance approfondie, on risque de rester en surface. Même si l'information est correcte et très bien écrite, elle peut manquer de finesse et de profondeur qui captivent véritablement le lecteur. »

Amplification de ses capacités créatives

L'adoption de l'IA a été pour Benjamin une révélation, ouvrant des portes à une créativité qu'il n'avait pas envisagée auparavant. « Elle m'a insufflé le courage de dire : "Pourquoi ne pas essayer ?" Elle a réveillé une volonté en moi de repousser mes propres limites et d'élargir le champ des possibles. » L'utilisation d'outils tels que Midjourney lui permet de concrétiser ses idées avec une rapidité et une facilité inédites, transformant des hypothèses en réalités. Cette facilité de réalisation, aidée par l'IA, a élargi son spectre d'action, tout en renforçant sa capacité à innover et à explorer.
Avec l'IA, Benjamin Dehant a repoussé ses limites créatives en explorant de nouvelles voies dans le domaine du design et bien au-delà.

ACCORDS ARTIFICIELS

Le monde est devenu fou pour de bon

Où est la poésie, le sens et le son ?

Quand je manque d'art, je manque d'imagination...[12]

Comme chaque matin, ma journée commence au son de la musique, et quoi de mieux que M pour stimuler l'esprit ? La musique devient alors un espace d'évasion des contraintes quotidiennes, un refuge contre la cacophonie extérieure. Comment l'IA peut-elle transformer notre perception et notre approche de la musique ? Pour explorer cette question, suivez-moi à travers deux mélodies distinctes et complémentaires.

L'identité sonore

Pour mieux saisir la portée de l'identité sonore, commençons par un petit *blind test* : rendez-vous sur le site https://tinyurl.com/jingle-test.

Vous serez étonné de constater à quel point il est possible de reconnaître ces marques à partir de quelques notes seulement ! Ce test

12. Matthieu Chedid – *Fellini*, https://tinyurl.com/mfellini

illustre comment une identité sonore, tout comme un logo ou un nom de marque, s'enracine durablement dans notre mémoire.

Mon expérience chez un leader des produits surgelés en est un exemple frappant. Nous avons fait appel au créateur du jingle de la SNCF, un choix qui s'est avéré à la fois enrichissant et révélateur. Cette initiative nous a initiés à un domaine que nous n'avions jamais exploré auparavant. L'investissement dans une telle prestation est considérable, surtout lorsqu'on sollicite un expert de cette envergure. La création d'un jingle et de ses variations (spots radio, publicités TV, annonces en magasin, etc.) nécessite une planification financière méticuleuse. Les droits d'utilisation, à payer annuellement pour chaque diffusion, se cumulent rapidement. Le créateur du jingle de la SNCF perçoit par exemple des revenus à chaque fois que sa création est diffusée… Calculez le chiffre, en considérant le nombre de diffusions quotidiennes multiplié par le nombre de gares.

La musique

Comment passer à côté de ce titre « Le nouveau morceau des Beatles, créé avec l'IA, est déjà un tube[13] » ? La sortie de *Now and Then* le 2 novembre 2023 a embrasé les médias, provoquant un vif débat sur l'emploi de l'IA dans la création musicale. Contrairement aux idées reçues, ce titre n'est pas le fruit d'une génération artificielle par l'IA, mais bel et bien un enregistrement authentique des Beatles, élaboré à partir d'une cassette de John Lennon datant des années 1970. La chanson, initialement écartée à cause des difficultés techniques d'isolation de la voix de Lennon, a été ressuscitée grâce à l'IA qui a permis d'isoler et de clarifier sa voix, enrichissant l'enregistrement avec les contributions des autres membres du groupe. Ainsi, l'IA a joué un rôle, quoique secondaire, en rendant possible la finalisation de ce projet inachevé. Paul McCartney a précisé dans un tweet du 22 juin 2023 : « Pour être clair, rien n'a été créé artificiellement ou

13. Publié le 06 novembre 2023 à 7 h 53 par RTL People & Buzz avec AFP, https://tinyurl.com/iabeatles

de manière synthétique. Tout est authentique et nous avons tous contribué à ce projet. Nous avons simplement nettoyé certains enregistrements existants. »

Poursuivons avec un autre exemple : fermez les yeux un instant et écoutez https://tinyurl.com/savages-ia...

Vous vous demandez : « C'est du Jay-Z, n'est-ce pas ? » Erreur. Il s'agit en réalité d'une production du duo franco-américain AllttA, intitulée « Savages », résultant de l'utilisation d'un logiciel d'IA. Ce morceau a captivé plus de 650 000 auditeurs en un an. Cette réalisation soulève une question fondamentale : restons-nous les véritables auteurs de notre art lorsque nous utilisons l'IA, ou cette technologie redéfinit-elle la notion même d'auteur, en comparaison avec les artistes traditionnels qui ont consacré des heures à la maîtrise de leur instrument ?

L'IA ouvre des portes autrefois inaccessibles. Elle permet de concevoir des identités sonores qui évoluent en fonction du temps, du contexte et des préférences de l'audience, ajustant même la musique selon l'humeur des auditeurs ou les préférences lors d'événements. De plus, grâce à des outils comme Moodagent ou Musimap, l'IA analyse l'impact émotionnel de ces identités sonores, offrant des *insights* précieux pour les optimiser et les personnaliser davantage.

Autres utilisations d'outils IA audio : générateurs de voix

Les solutions d'ElevenLabs offrent une plateforme avancée de synthèse vocale utilisant l'IA pour créer des voix réalistes à partir de textes.

- **Polyvalence** : produit des voix dans plusieurs langues ; solution idéale pour la création de contenu multilingue, tel que des podcasts, des livres audio ou des guides de formation.

- **Personnalisation** : permet aux utilisateurs de personnaliser les voix en fonction de scénarios spécifiques ou de personnages.
- **Intégration facile** : grâce à son API, elle s'intègre aisément dans les applications et flux de travail existants.

Ces solutions ouvrent de nouvelles perspectives pour le contenu numérique en exploitant les capacités étendues de l'IA pour enrichir l'expérience audio.

L'IA s'avère être un véritable *game changer* dans le domaine de la création musicale et de l'identité sonore comme dans bien d'autres domaines. L'IA ne remplace pas l'artiste ; elle amplifie sa créativité. Et finissons par les paroles de Sir Paul : « C'est un peu effrayant mais excitant, parce que c'est l'avenir. Nous verrons bien où cela nous mènera[14]. »

Alors, qu'attendez-vous ? Saisissez votre « clavier-platine », libérez votre imagination et laissez l'IA vous accompagner dans la création. Et soudain, je m'interroge... Est-ce qu'une IA aurait pu composer cette chanson qui nous mouille les yeux à chaque écoute, nous rappelant un soir d'octobre 2008 au NJP[15] ?

On m'a vu dans le Vercors

Sauter à l'élastique

Voleur d'amphores

Au fond des criques

J'ai fait la cour à des murènes

J'ai fait l'amour, j'ai fait le mort

T'étais pas née...[16]

14. https://tinyurl.com/sirpaulmccartney
15. Nancy Jazz Pulsation
16. Monsieur Alain Bashung – *La nuit je mens* : https://tinyurl.com/lanuitje

L'expérimentateur sans talent

Je dois l'avouer, malgré mon amour pour la musique, je n'ai pas de talent musical. Mais cela n'a jamais entamé ma volonté de composer une mélodie. J'ai testé différentes plateformes, de www.stableaudio.com à https://suno.com, et j'ai été étonné par la simplicité avec laquelle l'IA peut générer des ébauches de musique à partir d'un prompt. Cependant, la vraie surprise est venue de https://mubert.com/. En utilisant l'image de la page d'accueil de mon site avec la fonction « image to music », j'ai obtenu un extrait musical assez satisfaisant. De plus, 24 heures avant la remise de mon manuscrit, je me suis amusé avec la version bêta de www.udio.com pour créer une musique d'ambiance. Celles-ci sont disponibles à l'écoute sur :

http://dunod.link/52cv20g

De ces tests, deux leçons sont à retenir :
Premièrement, il est nécessaire de savoir manipuler les prompts, mais surtout d'avoir un minimum de connaissance du domaine, tel que la musique. Sinon, on risque de produire du GIGO (*Garbage In, Garbage Out*)[17].
Deuxièmement, nous n'en sommes qu'aux prémices de ce que ces technologies peuvent nous offrir. Les possibilités futures ? Je suis partagé entre excitation et appréhension, curieux de voir jusqu'où elles nous mèneront et comment nous les utiliserons – pour créer ou pour plagier ?

17. Ce principe affirme que la qualité des données entrées dans l'IA détermine la qualité de ses résultats. Mauvaises données en entrée...

PLAGIAT OR NOT PLAGIAT ?

Dans notre société, il semble obligatoire d'avoir une opinion sur tout. Sur ce point, je surprends souvent en avouant « Je ne sais pas », plutôt que d'énoncer à des affirmations creuses ou stéréotypées, si répandues dans certains milieux où la langue de bois est maniée comme un langage naturel. La question du plagiat, brandi comme un carton rouge par les Astérix de notre époque, m'a d'abord déconcerté et laissé sans voix...

Qu'est-ce que le plagiat ?

Le plagiat est considéré comme le vol du travail d'autrui : s'approprier des mots, des idées sans créditer l'auteur. Mais à l'ère des IA, y compris les outils génératifs de textes et d'images, cette définition devient floue. Qui est le véritable auteur dans ce contexte ?

La genèse des réponses de ChatGPT

Lorsqu'on sollicite une IA, elle ne se contente pas de puiser dans une base de données pré-enregistrée. Elle génère des réponses en temps réel, fondées sur des centaines de milliards d'informations assimilées lors de sa formation, s'appuyant sur des probabilités pour chaque mot généré. Avec un prompt identique, on obtient des réponses différentes, illustrant la capacité de l'IA à générer du contenu unique.

Le Spaggiari[18] de la data

D'après Luc de Brabandere :

« ChatGPT, à mes yeux, symbolise le plus grand hold-up de l'histoire en termes d'informations. Il s'agit d'une technologie qui a "volé" une quantité astronomique d'informations sans précédent. C'est si vaste qu'on en est abasourdi. Si quelqu'un copiait vos livres, vous pourriez le poursuivre en justice. Mais avec ChatGPT, l'échelle est tellement grande qu'on se sent dépassé. Il commence même à se nourrir de sa propre production, tournant en boucle. »

Le plagiat avec ChatGPT ?

L'étude de Copyleaks[19] de février 2024 portant sur GPT-3.5, qui a analysé 1 045 textes dans 26 disciplines telles que la physique, la chimie, la science et la psychologie, révèle que 60 % des productions de GPT-3.5 pourraient être considérées comme du plagiat. Les scores de similarité moyens les plus élevés ont été observés en physique avec 31 % et en psychologie : 28 %. Ces chiffres indiquent clairement que ChatGPT ne produit pas toujours du contenu original, mais repose sur des informations déjà existantes.

La propriété des idées

Nos instructions guident ChatGPT, tout comme un thème musical orienterait l'improvisation d'un musicien. Cette improvisation, bien qu'elle découle de sa formation préalable, reste unique à ce moment précis. De même, les IA « improvisent » (ou calculent) à partir de nos prompts, de leurs données et de leur propre formation.

18. Albert Spaggiari, orchestrant le « casse du siècle » à la banque Société Générale de Nice en 1976, est devenu célèbre non pour la violence, mais pour l'ingéniosité et l'audace de son coup.

19. https://tinyurl.com/copyleaks

Les nuances des « instructions personnalisées »

Avec cette option qui permet de personnaliser la réponse de ChatGPT (style, profil, préférences...), l'outil s'affine davantage. Même si la base demeure le modèle d'origine, l'intervention de l'utilisateur renforce l'idée de création humaine avec l'aide de la machine.

Décryptage

Si l'on considère qu'un contenu issu d'une IA est du plagiat, ne reconnaissons-nous pas à l'IA une capacité de création propre, semblable à celle de l'humain ? Étant maintenant dans l'obligation de prendre position, en utilisant des IA telles que ChatGPT ou Midjourney, nous ne plagions pas. Ces outils augmentés nous accompagnent dans nos créations, guidées et arbitrées par notre cerveau d'humain. Si c'était le cas, nous aurions toujours fait du plagiat. En effet, depuis toujours, nous nous construisons en absorbant le savoir des autres, provenant de livres, d'enseignants, d'Internet... Pablo Picasso disait : « Les bons artistes copient, les grands artistes volent », une réflexion elle-même inspirée par T.S. Eliot : « Les poètes immatures imitent ; les poètes matures volent. » Cette idée remonte jusqu'à Philip Massinger qui, au XVIIe siècle, exprimait une pensée similaire. Pour illustrer cette perspective, nous nous sommes inspirés de l'article de Julien Kaci[20].

Cependant, si nous utilisons l'IA à la manière d'un Iron Man pour scraper[21] les réseaux sociaux et les sites internet afin d'analyser les meilleures accroches, styles d'écriture, images et idées, pour en reproduire automatiquement le contenu, nous nous trouvons indubitablement dans le domaine du plagiat. C'est avec indignation

20. Article sur le site Medium https://tinyurl.com/plagiat-ia

21. Scraper: outil automatique qui extrait discrètement des données de sites web et réseaux sociaux, sans requérir l'autorisation du créateur du contenu.

que nous observons sa propagation sur Internet depuis un an, sans aucune restriction.

Certes, l'acte AI européen (voir chapitre 8) va renforcer la transparence sur l'origine des données utilisées par l'IA, mais cela n'empêchera pas ces Iron Man de voler les contenus des autres. Cette mesure, bien qu'elle soit un pas dans la bonne direction, ne résout pas le problème. Nous sommes ainsi confrontés à un dilemme éthique majeur, avec des individus exploitant les capacités de l'IA pour s'approprier indûment le travail d'autrui, sans reconnaissance ni crédit.

Gardez à l'esprit que copier/coller = plagier, tandis que créer = copier + transformer + combiner.

Une chose est certaine : la transparence et l'intégrité sont primordiales. Peut-être est-il temps d'établir un cadre éthique renouvelé pour guider l'utilisation de l'IA dans la création de contenu, en faisant la différence entre le contenu généré par un centaure et celui produit par un Iron Man. Facile à dire, mais comment faire ? Une première étape pourrait être d'interdire légalement le *scraping* sans l'accord du créateur du contenu, en s'inspirant du modèle du RGPD pour la collecte des coordonnées.

Nos convictions, bien que fortes, ne sont pas gravées dans le silicium. Nous sommes ouverts au débat, prêts à affiner notre jugement et à confronter nos idées. Après tout, aucune opinion n'est définitive ; la force d'un centaure ne réside-t-elle pas dans sa capacité à se remettre en question ?

L'ESSENTIEL

Le *branding* est incontournable pour créer une image de marque unique et durable. Il vise à établir une identité forte qui se distingue et résonne avec le public, en soulignant l'importance de comprendre en profondeur l'entreprise, ses produits et son marché.

- **Processus créatif amplifié et simplifié par l'IA** : l'utilisation de l'IA, notamment *via* des outils comme ChatGPT et Midjourney, enrichit le processus de création de la marque. Elle accompagne la sélection du nom, du slogan, du logo, et la mise en place de la stratégie de contenu, ouvrant la voie à un *branding* plus inventif.
- **Perception de la marque sans nos biais humains** : l'IA fournit une perspective neutre sur la marque, complétant les *insights* humains pour une vision plus riche et diversifiée.
- **Renforcement de la cohérence de la marque** : l'IA aide à vérifier la cohérence graphique et rédactionnelle, assurant l'uniformité de la marque à travers différents supports.
- **Transformation des campagnes publicitaires par l'IA** : certaines marques utilisent déjà l'IA pour leurs campagnes publicitaires, montrant l'impact significatif de cette technologie sur le marketing et la publicité.
- **Révolution de l'identité sonore par l'IA** : l'IA réinvente l'univers de la musique et de l'identité sonore, enrichissant l'expérience de marque avec une dimension nouvelle et personnalisée pour l'utilisateur.
- **Défis et opportunités du plagiat** : la création assistée par IA soulève des questions éthiques autour du plagiat, révélant l'importance de différencier les utilisateurs de l'IA comme outil d'amplification créative des véritables faussaires.

CHAPITRE 5

Maximiser l'efficacité des plateformes web avec l'IA

Executive summary

Maximiser, optimiser, augmenter... Ces termes illustrent notre quête incessante d'efficacité sur les plateformes web. L'intelligence artificielle, avec ChatGPT en figure de proue, devient un allié inestimable, nous permettant les actions suivantes :

- **Faciliter la conception de sites professionnels** avec des outils *no-code* accessibles à tous et à moindre coût.
- **Optimiser le référencement naturel (SEO)** en prenant conscience des risques de standardisation du contenu dus à une automatisation poussée, tout en équilibrant l'attrait pour les algorithmes et l'engagement humain.
- **Propulser l'analyse de données** pour accroître la performance de nos actions web en utilisant les outils d'IA de plus en plus nombreux et performants.
- **Planifier et améliorer la rentabilité des publications**, en rendant le contenu plus efficace et pertinent grâce à une gestion stratégique des calendriers de publication.
- **Exploiter le contenu** en l'adaptant à différents formats et plateformes pour maximiser son impact, une stratégie connue sous le nom de *repurposing*.

- **Utiliser les principes du *growth hacking*** pour intégrer des *chatbots* sur les sites web et appliquer la méthode AARRR, afin d'améliorer la conversion des prospects en clients fidèles.
- **Préserver l'authenticité et la gestion humaine** sur les réseaux sociaux comme LinkedIn.

IA ET CONCEPTION WEB : STRUCTURATION ET OPTIMISATION

Un site web aujourd'hui ? Pour une entreprise, c'est un prérequis ; pour un marketeur ou un communicant en quête de *personal branding*, c'est un incontournable.

La démocratisation des solutions *no-code* telles que Wix ou IONOS rend la création d'un site web professionnel accessible à tous, et ce, à moindre coût[1]. Pour une personnalisation poussée, WordPress avec Divi ou Elementor propose une solution intermédiaire robuste. En plus, acquérir une URL personnalisée devient abordable, pour seulement 10 euros par an chez des fournisseurs comme OVH.

Ces plateformes offrent des *templates* personnalisables qui suivent les tendances actuelles de navigation, permettant aux créateurs de se focaliser sur le *branding*.

ChatGPT facilite la structuration et l'organisation des idées en une arborescence logique et évolutive, favorisant la cohérence des catégories et une hiérarchisation optimisée pour le SEO. Toutefois, pour les nuances subtiles, ChatGPT a ses limites. Malgré cela, il reste un outil précieux pour de nombreuses tâches, assurant une cohérence graphique et le respect des *guidelines* de la marque.

1. Exemple : offre promotionnelle sur Wix à 90 euros par an pour un forfait premium sur deux ans.

Conseils :

- ***Responsive design*** : priorisez le *responsive design*[2] dès le début de la conception de votre site. C'est essentiel pour assurer une expérience utilisateur fluide sur tous les appareils et éviter les pénalités de référencement.
- **Solutions prêtes à l'emploi *vs.* sur mesure** : pour des besoins simples, les solutions prêtes à l'emploi comme Wix ou WordPress (avec des thèmes comme Divi ou Elementor) offrent une grande flexibilité sans les frais élevés du développement spécifique. L'important est de pouvoir personnaliser ces outils selon vos besoins.
- **Design épuré** : privilégiez un design épuré. La surcharge de *plugins* et d'animations peut ralentir votre site, détériorer l'expérience utilisateur et impacter négativement votre référencement. Optez pour la simplicité pour garder votre site rapide, lisible et engageant.

Mais qu'en est-il de l'avis d'un expert du domaine ? Selon Samy Snider, lead UX designer chez CosaVostra, l'IA est surtout « un outil de validation et d'accélération dans des phases spécifiques, notamment la recherche et la définition des personas ». Il considère que l'IA ajoute « une couche d'efficacité » à son travail.

Snider nuance cependant : « L'IA n'est pas la panacée que certains annoncent, mais plutôt un catalyseur. Elle optimise certains aspects du processus créatif et offre une sorte de sécurité dans son travail. »

Alors, que retirer de cet échange avec Samy ? D'abord, il valide l'idée que l'IA peut être un atout de taille, mais non exclusif, dans le design UX. Snider a évoqué le danger d'une standardisation excessive, notamment lorsque l'on s'appuie trop sur les normes web pour anticiper les attentes des utilisateurs. Ce conformisme menace l'aspect créatif et intuitif qui est au cœur du métier. Le risque de transférer cette standardisation à l'IA est bien réel, enfermant les utilisateurs dans des tunnels, voire des entonnoirs favorisant une uniformisation néfaste.

2. Compatible avec les appareils mobiles. Une étude de Médiamétrie révèle qu'en 2022, les Français passaient en moyenne 2 h 18 par jour sur Internet, avec 75 % de ce temps *via* mobile. Chez les 15-24 ans, ce taux atteint même 93 %, https://tinyurl.com/surfinternet2022

En suivant ces conseils et en les mettant à l'essai avec des requêtes astucieuses enrichies de votre propre expertise, vous êtes en mesure de créer un site web à la fois efficace et à moindre coût. Mais ne vous arrêtez pas là. Votre site *responsive* cochera toutes les cases des normes de navigation élémentaires (ou UX, pour les initiés) et d'accessibilité.

CHATGPT : L'ATOUT MAÎTRE POUR LE RÉFÉRENCEMENT

Avoir une vitrine, c'est bien, mais si personne ne la voit, cela ne sert à rien ! Le SEO (référencement naturel) est un casse-tête incontournable pour émerger dans l'océan d'Internet, soumis aux caprices de Google[3] sans aucune garantie de succès. Se plier uniquement aux exigences des algorithmes est vain car un site doit séduire son audience, pas juste des machines. La recherche constante d'un équilibre fragile entre le contenu attractif et les optimisations techniques est une mission complexe et longue, avec ou sans l'aide d'une intelligence augmentée…

1. **Analyse des champs sémantiques** : ChatGPT peut examiner les SERP[4] pour des termes comme « marketing IA » afin d'identifier les champs sémantiques dominants. Le champ lexical se concentre sur les mots directement liés à « IA marketing », tels que « intelligence artificielle » et « marketing ». Le champ sémantique inclut des thèmes plus larges comme « analyse stratégique » et « personnalisation client », qui sont indirectement liés mais importants pour comprendre le contexte complet. Cette analyse enrichit la stratégie de contenu en alignant mieux avec les intentions de recherche des utilisateurs.

3. Guide Google « Bien débuter en SEO », https://tinyurl.com/guidegoogleseo

4. SERP, *Search Engine Results Page* : page affichée par les moteurs de recherche en réponse aux requêtes des utilisateurs, comprenant des liens vers des pages web, des titres et des descriptions.

Le prompt : « En tant qu'expert SEO, examine attentivement la capture d'écran de la SERP pour le terme "marketing IA". Analyse les titres et les méta-descriptions pour identifier et classifier les champs sémantiques présents. Organise ces champs par thématique en suivant une approche méthodique et scientifique dans ton analyse. Assure-toi de structurer ta réponse de manière précise et détaillée. »

2. **Recherche de mots clés** : ChatGPT analyse votre contenu (article, table des matières, résumé de livre, URL de la page) pour identifier une liste de mots clés pertinents. Des outils tels que Google Trends et SEMrush aident à trouver l'équilibre entre le volume de recherches et le niveau de compétition pour ces mots. Ils garantissent ainsi que les mots clés sélectionnés correspondent bien aux intentions de recherche.

3. **Intégration des mots clés** : une fois les mots clés identifiés, ils sont intégrés sur le site au niveau des titres (H1), sous-titres (H2), méta-descriptions, balises alt pour les images, et corps du texte. Utilisez ChatGPT pour mesurer la densité des mots clés dans votre texte, tout en veillant à ne pas dépasser le seuil de 2 %-3 % pour éviter la suroptimisation.

4. **Structuration du contenu** : ChatGPT facilite la structuration du contenu en suivant la hiérarchie (H1, H2, etc.), rendant l'information accessible pour les visiteurs et les moteurs de recherche.

5. **Rédaction de méta-descriptions et Title** : la rédaction des méta-descriptions (160 caractères) et des titres (60 caractères) s'avère être un défi pour rester dans la limite de caractères et créer un aperçu attractif. ChatGPT a parfois des difficultés à respecter le nombre de caractères mais son assistance est utile. Demander plusieurs versions peut vous aider à choisir la meilleure option et n'oubliez pas la règle des 3T : tester, tester et tester !

6. **Liens internes et externes** : ChatGPT peut détecter les occasions pour établir un maillage interne et ajouter des liens externes, améliorant la pertinence et la crédibilité de votre contenu.

Le SEO est une épreuve de longue haleine, exigeante à la fois en temps et en expertise. Avant l'arrivée de ChatGPT, les marketeurs avaient essentiellement deux options : une approche manuelle, précise mais très consommatrice de temps, ou l'automatisation, idéale pour gérer de grands volumes de pages mais souvent imparfaite en termes de précision et de personnalisation. Représentons ce défi sous forme d'un triangle, dont les trois sommets symbolisent l'efficacité du SEO, la rapidité de mise en œuvre et la gestion optimale des ressources.

Selon ce modèle, atteindre un équilibre parfait entre ces trois éléments semblait impossible. Un SEO efficace et rapide exigeait un investissement important en ressources, tandis qu'une exécution rapide et économique compromettait souvent l'efficacité. Cela forçait les marketeurs à jongler constamment entre ces exigences contradictoires.

Cependant, l'introduction de ChatGPT dans le SEO change radicalement la donne, en offrant la possibilité d'atteindre simultanément un SEO de qualité, une mise en œuvre rapide et une optimisation des ressources.

En tant que marketeurs, nous devons avoir une compréhension du SEO, mais il s'agit d'un domaine qui exige une expertise pointue, comme celle de Jean-Baptiste Delame chez Splashr. Fort de dix ans d'expérience, Jean-Baptiste a fait de ChatGPT un outil quotidien essentiel à son travail. Un coup d'œil à son bureau, organisé autour de trois écrans dont un dédié à ChatGPT, suffit pour comprendre que l'intégration de l'IA dans le SEO n'est pas une option, mais une nécessité.

L'IA lui offre un avantage dans la gestion des trois piliers du SEO : la sémantique, la technique et le *netlinking*. Cette assistance permet une approche plus agile et perspicace de ces aspects, sans nécessiter une expertise technique approfondie. Des tâches complexes comme le filtrage de mots clés ou la manipulation d'expressions régulières deviennent plus simples et rapides grâce à ChatGPT, qui aide également à générer des données structurées pour optimiser les pages web pour les moteurs de recherche.

« L'incorporation de ChatGPT dans mon travail a divisé par deux le temps consacré à certaines tâches ! », révèle Jean-Baptiste, soulignant ainsi l'efficacité accrue apportée par l'ajout de la fonction « Code interpreter ».

Cependant, il met en garde contre une utilisation non réfléchie de l'IA pour la génération de contenu, insistant sur la nécessité de complémenter l'IA avec l'expertise humaine pour éviter des contenus superficiels qui pourraient être sanctionnés par Google. « La qualité dépend fortement de notre capacité à comprendre et respecter les limites de cette technologie fascinante. »

Face à l'attrait de l'automatisation totale, Jean-Baptiste et son équipe ont découvert que « 100 % des sites automatisés se sont "crashés" ». Ils ont alors opté pour un *workflow* hybride, utilisant l'automatisation pour détecter les tendances tout en appliquant une touche humaine pour les ajustements critiques.

Jean-Baptiste critique l'ironie des géants technologiques qui condamnent l'automatisation tout en exploitant l'IA de manière intensive. Cette contradiction expose des dilemmes éthiques et pratiques, accentuant le besoin de protéger le contenu original face à l'IA.

Il met l'accent sur la nécessité d'une vigilance et d'une adaptation constantes aux changements rapides, notamment face à des menaces telles que le *deepfake* et la désinformation, qui représentent un danger bien plus significatif que les modifications algorithmiques de Google.

L'optimisation SEO n'est pas une quête ultime. Trop de prétendus experts préconisent d'écrire pour les algorithmes. Mais franchement, c'est le monde à l'envers ! Nous devrions avant tout écrire pour notre public, partager nos idées, notre expertise, notre opinion, notre humeur, et seulement ensuite optimiser ce contenu pour le SEO. Ironiquement, quoi de mieux qu'un algorithme pour charmer un autre algorithme ?

RETOUR VERS LE FUTUR...

Embarquons dans notre Delorean, direction un futur où les Iron Man du Web dominent, laissant peu de place aux Astérix qui résistent encore et toujours à l'envahisseur numérique. Face à un Google confronté au casse-tête de l'automatisation SEO en temps réel, quelle sera notre stratégie ? Cette perpétuelle danse entre les ajustements algorithmiques et le SEO piloté par l'IA pourrait bien transformer le *game marketing*.

L'avantage de l'IA est indéniable à l'heure actuelle, mais ce n'est pas la panacée. Aussi puissante qu'elle soit, son utilisation demande discernement et sagesse. Devant l'automatisation à outrance, il est vital de ne pas oublier que notre créativité et notre humanité sont inégalables. Le véritable danger réside dans le fait de se laisser entraîner dans une spirale d'optimisation sans fin, où l'originalité, la finesse et l'innovation seraient sacrifiées sur l'autel de l'efficacité. Nous pourrions finir comme ces poissons rouges tournant dans leur bocal, spectateurs passifs d'un monde où le contenu serait désormais formaté au formol du silicium…

« Le poisson rouge tourne dans son bocal. Il semble redécouvrir le monde à chaque tour. Les ingénieurs de Google ont réussi à calculer la durée maximale de son attention : 8 secondes. Ces mêmes ingénieurs ont évalué la durée d'attention de la génération des millenials, celle qui a grandi avec les écrans connectés : 9 secondes. Nous sommes devenus des poissons rouges, enfermés dans le bocal de nos écrans, soumis au manège de nos alertes et de nos messages instantanés. »

Extrait du livre *La Civilisation du poisson rouge*, de Bruno Patino, paru en 2019 chez Grasset.

L'IA : UN LEVIER POUR L'ANALYSE DE DONNÉES ET L'AMÉLIORATION DES PERFORMANCES

Notre site est attrayant et commence à se faire une place sur la toile, mais ce n'est pas le moment de nous reposer sur les algorithmes ! Une analyse détaillée des données nous aide à mieux comprendre notre activité et à définir les prochains leviers pour booster les performances. Cela semble simple, mais plonger dans les détails, là où se trouve la véritable différence, demande des compétences analytiques et une bonne connaissance des outils.

Voici 13 façons dont l'IA peut booster l'analyse et les conversions de votre site, avec des solutions et ressources adaptées :

1. **Analyse des données comportementales des utilisateurs** : l'IA traite et analyse d'énormes volumes de données sur le comportement des utilisateurs, détectant tendances et schémas pour optimiser la conversion et l'engagement.
   Solutions : Google Analytics, Mixpanel.
2. ***A/B testing* automatique** : l'IA automatise les tests A/B, testant différentes versions de pages ou appels à l'action pour identifier les plus performants.
   Solutions : Optimizely, VWO, AB Tasty.
3. **Personnalisation du contenu** : grâce à la segmentation des utilisateurs, l'IA offre un contenu sur mesure, améliorant l'engagement.
   Solutions : Dynamic Yield, Adobe Target.
4. ***Chatbots* et assistants virtuels** : ils guident les utilisateurs, répondant à leurs questions et les encourageant à agir.
   Solutions : Drift, iAdvize, Intercom.
5. **Analyse des sentiments** : l'IA évalue commentaires et avis pour affiner l'expérience utilisateur avec des outils plus accessibles.
   Solutions : MonkeyLearn, Aylien.
6. **Moteur de recommandation** : l'IA anticipe les intentions d'achat, ciblant mieux les efforts marketing.
   Solutions : Salesforce Einstein, Algolia.
7. **Segmentation de l'audience** : une segmentation fine pour du contenu et des campagnes marketing ciblées.
   Solutions : Selligent, Marketo.

8. **Analyse des performances des contenus** : identifie les sujets et formats les plus engageants.
Solutions : BuzzSumo, SEMrush.

9. **Analyse des tendances et veille concurrentielle** : restez à jour et adaptez-vous rapidement grâce à l'IA.
Solutions : Crayon, Talkwalker.

10. **Automatisation des campagnes marketing** : optimisez vos campagnes marketing avec des outils d'automatisation puissants.
Solutions : Adobe Campaign, HubSpot.

11. **Plateforme de données clients (CDP)** : centralisez et exploitez vos données clients pour une meilleure personnalisation.
Solutions : Segment, Imagino.

12. **CRM** : gérez et analysez les interactions avec vos clients à travers le cycle de vie complet.
Solutions : Salesforce, HubSpot, Microsoft Dynamics.

13. **Continuer à se former** : l'apprentissage continu est essentiel pour rester à la pointe dans l'utilisation de l'IA.
Solution : www.centaure-marketing-ia.fr

Cette liste d'outils est non exhaustive. Le domaine de la technologie est tellement large et en constante évolution ! Un bon outil est un outil qui répond à votre besoin.

D'après mon expérience, voici trois pièges à éviter :

- **Ne surdimensionnez pas vos solutions**. Un SUV n'est pas le meilleur véhicule pour Paris. Testez et définissez précisément vos besoins.
- **Ne cédez pas systématiquement au sur-mesure, qui coûte cher et n'est pas toujours nécessaire**. Les solutions prêtes à l'emploi peuvent être tout aussi efficaces et plus agiles.
- **Ne vous perdez pas dans les outils au détriment de la réflexion**. L'outil ne doit jamais primer sur l'analyse.

L'utilisation de l'IA pour l'analyse de données représente un avantage concurrentiel non négligeable, aidant à prendre des décisions éclairées et à peaufiner les stratégies marketing. L'absence de ces solutions, surtout la dernière, pourrait rapidement devenir un handicap majeur.

Gardez votre sens de l'humour, enrichissez-vous en continu et apprenez à dompter la vague de l'IA sans « boire la tasse[5] » !

Exploitation de la data à l'Agence 79

Pauline Boedels, DG de l'Agence 79, et son équipe guident leurs clients en exploitant les données pour piloter des campagnes média axées sur le *branding* ou la performance, notamment *via* des modes d'achat aux enchères sur l'ensemble des canaux de diffusion : digital, TV, affichage... Pauline révèle : « Depuis nos tout premiers test en 2008, l'IA a pris une dimension phénoménale au sein de l'agence. Nous exploitons tous les signaux data non seulement pour mesurer le succès d'une campagne, mais aussi pour comprendre chaque facette de l'utilisateur : ceux que nous touchons, ceux que nous aspirons à toucher, et ceux qui ont le plus de probabilité d'être appétants aux publicités de nos annonceurs. » En parallèle, l'annonce de la fin des cookies tiers en 2025 a poussé l'industrie à revoir ses stratégies, incitant l'Agence à se tourner davantage vers l'exploitation des données *first-party*[6]. En effet, elles constituent un échantillon de données robustes permettant aux algorithmes de modéliser des phénomènes de masse, que ce soit dans un objectif de ciblage ou de mesure des campagnes.
L'IA a permis le développement de solutions innovantes telles que les *custom bidding*, des scripts d'enchères personnalisés qui ajustent les offres en fonction d'indicateurs de performance clés. Un autre outil remarquable est le « retail scanner », qui combine les données de demande du marché et le positionnement concurrentiel avec les tendances du marché, ainsi que les données de visites et ventes.

5. Cette expression est riche d'enseignement. « Boire la tasse » fait référence à l'action d'avaler par inadvertance une petite quantité d'eau en nageant. De nos jours, elle a aussi un sens plus figuré, celui de « subir un échec ». À force de boire de petites quantités d'eau par inadvertance, on risque finalement de se noyer...

6. Données *first-party* : informations collectées directement auprès de votre audience ou de vos clients. Ces données proviennent de l'interaction directe avec votre marque, *via* vos site web, applications, CRM et autres canaux numériques.

Pauline considère ChatGPT comme une continuation des évolutions technologiques depuis l'avènement du digital, plutôt qu'une rupture. « Avant lui, il y a eu l'ascension fulgurante des plateformes sociales, l'évolution des contenus vers de plus en plus de consommation vidéo, la gestion algorithmique des enchères, et d'autres encore. ChatGPT représente un défi stimulant, un nouvel acteur dans notre ballet constant d'adaptation. » Elle souligne une idée reçue chez certains clients : « Le *machine learning* et les algorithmes ne sont pas de simples outils pour gagner du temps. Ils augmentent notre efficacité, mais exigent un pilotage minutieux par des experts. » Cette expertise, qui mêle data, codage, statistiques et créativité, permet d'affiner les campagnes au-delà de la simple réduction du temps de travail.
« Une inquiétude est palpable. On a l'impression d'être tous dans un TGV sans bien connaître la destination. » Malgré cela, elle trouve captivante « la complémentarité croissante entre l'humain et l'algorithme. Les deux ont le potentiel de se corriger mutuellement, ce qui crée une synergie fascinante ».

L'IA, loin de bouleverser le paradigme de l'analyse des données, en amplifie les capacités, rendant l'information plus accessible et intelligible. Et au cœur de cette transformation, un objectif demeure : optimiser les campagnes pour maximiser les bénéfices. Certains auraient choisi le mot « efficacité », mais soyons clairs : la quête première d'une entreprise est de générer des profits !

LA PROMESSE D'UN CONTENU ENGAGEANT POUR LES BLOGS ET LES RÉSEAUX SOCIAUX

« Choisir, c'est renoncer », disait André Gide.

Cette citation résume le défi que nous rencontrons en cherchant à produire un contenu engageant pour les blogs et les réseaux sociaux.

En tant qu'auteurs, nous sommes confrontés à des choix constants : sur quoi écrire, comment le formuler, et le moment opportun pour publier. Chaque décision signifie la mise de côté d'autres options. La question se pose alors : comment faire les bons choix ? Quels sujets aborder, quel ton adopter, et quel style privilégier pour captiver notre audience ?

Face à ces interrogations, des choix ont dû être faits, car explorer ce sujet dans toute sa complexité nécessiterait un livre entier. Examinons comment l'IA peut assister dans ce processus...

Planification d'un calendrier de publication

Gérer un blog ou un compte sur les réseaux sociaux nécessite constance et régularité. Pour éviter le stress de la dernière minute et garantir une présence continue :

- Définir une liste importante d'idées de contenu en lien avec votre thème d'expertise.
- Préparer un calendrier de publication sur au moins un mois.
- Garder de la flexibilité pour vous adapter aux imprévus ou saisir des opportunités liées à l'actualité.
- Avoir une publication prête d'avance, ce qui peut s'avérer salvateur.
- Ne pas publier si vous n'êtes pas satisfait de votre contenu. Ne publiez pas pour publier !

En utilisant le principe de l'Arbre de pensée (voir la section « L'Arbre de pensée : la méthode ultime » au chapitre 3), nous avons identifié plus de 30 sujets d'articles pour le blog Tsunami IA, centré sur l'IA et le marketing. Avec l'aide de ChatGPT, voici un calendrier de publication proposé pour les quatre prochaines publications :

- **Publication 1 : « ChatGPT, le Shiva du marketing : force de création, transformation et... destruction ?** » Explorez le potentiel révolutionnaire de l'IA en marketing, à l'image de Shiva, dans une analyse profonde du rôle disruptif et transformatif de ChatGPT.

- **Publication 2 : « L'IA au défi de l'instinct humain à travers le paradoxe de Moravec »** Détaillez la confrontation entre l'intelligence artificielle et les compétences humaines innées, soulignant le paradoxe de Moravec et son impact sur le marché du travail.
- **Publication 3 : « TOP 10 des stratégies d'IA pour réussir son marketing »** Découvrez les stratégies incontournables de l'IA pour transformer vos approches marketing, de la personnalisation à l'automatisation et l'analyse de données.
- **Publication 4 : « IA et éthique : de Blanche-Neige à Apple »** Voyagez à travers les symboles de la pomme dans l'histoire, illustrant les enjeux éthiques de l'intelligence artificielle dans notre ère numérique.
- **Article joker en cas d'imprévu : « L'IA et le mystère des 17 chiens de Baskerville »** Transcendez le récit d'une simple énigme pour explorer l'harmonie entre l'intelligence humaine et artificielle, illustrant comment l'IA, judicieusement utilisée, peut révéler des perspectives insoupçonnées.

ChatGPT aide à élaborer une feuille de route pour générer et publier une variété de contenus, tout en restant flexible pour s'adapter aux retours des lecteurs, à l'actualité, et à ses propres inspirations.

REPURPOSER[7] VOS CONTENUS

Après de nombreuses heures de réflexion et d'écriture, vous venez de publier un article approfondi sur votre blog ! Il s'agit de la première

7. Repurposer un contenu signifie adapter et réutiliser un seul contenu dans différents formats ou sur différentes plateformes pour augmenter sa portée et son impact, sans avoir à créer de nouveau contenu à partir de rien. Cette stratégie permet d'optimiser les ressources et d'atteindre une audience plus large en adaptant le message aux préférences de consommation de contenu de différents groupes cibles.

étape et pour maximiser son impact, il faut le repurposer sur divers canaux. Voici comment ChatGPT et d'autres outils d'IA peuvent transformer ce processus en une stratégie gagnante :

Version courte pour les réseaux sociaux : ChatGPT extrait les points clés ou citations marquantes de votre article, vous aidant à créer une série de posts pour X, LinkedIn et d'autres plateformes. Définissez précisément le style que vous souhaitez suivre selon les canaux, et l'IA générera des variantes de messages pour tester quel format engage le plus votre audience, optimisant ainsi votre stratégie de contenu social.

Résumé pour la newsletter : ChatGPT condense votre article en un résumé captivant, parfait pour les newsletters. L'outil suggère des formulations qui captent l'attention tout en conservant le sens de votre message, encourageant les abonnés à cliquer pour lire l'article complet. Prenez le temps de bien valider les premiers résumés qui serviront d'exemples pour les prochains, garantissant ainsi gain de temps et cohérence.

Vidéo courte pour TikTok ou Instagram : bien que ChatGPT soit textuel, il vous aide à structurer le script d'une vidéo courte, en sélectionnant les points saillants de l'article et en proposant un appel à l'action efficace. Des outils d'IA dédiés à la vidéo, tels que Lumen5 ou InVideo, peuvent ensuite transformer ce script en contenu visuel, en utilisant des images, des clips et des animations pertinents.

Infographie pour Pinterest ou Instagram : ChatGPT résume les données clés ou les *insights* de votre article, fournissant une base solide pour une infographie. Utilisez ensuite des outils de design assistés par IA, comme Canva, qui peuvent intégrer ces données dans des *templates* d'infographies, rendant votre contenu plus digeste.

Podcast ou épisode vidéo : ChatGPT vous assiste dans la création de scripts pour des podcasts ou des vidéos YouTube, en détaillant les thèmes à aborder, les questions à poser, et même en suggérant des introductions et conclusions. Cela simplifie la production de contenu audiovisuel qui complète et approfondit les sujets de votre article.

En intégrant ChatGPT et d'autres outils d'IA dans votre stratégie de *repurposing*, vous augmentez sa portée et touchez votre audience à travers son format favori.

RÉSEAUX SOCIAUX ET IA : L'AUTHENTICITÉ EST-ELLE EN DANGER ?

Pour aborder la transformation des réseaux sociaux par l'intelligence artificielle générative, Émilie Marquois nous fait part de ses réflexions sur les influenceurs virtuels et le risque d'une perte progressive d'authenticité.

TÉMOIGNAGE

Émilie Marquois

SUR LES RÉSEAUX SOCIAUX, L'INTELLIGENCE ARTIFICIELLE GAGNE DU TERRAIN

L'intelligence artificielle est en train de bouleverser les réseaux sociaux, influençant la manière dont les utilisateurs créent, consomment et interagissent avec le contenu. Deux phénomènes majeurs illustrent cette transformation : d'une part l'essor des influenceurs virtuels, d'autre part l'utilisation croissante de l'IA dans les fonctionnalités des plateformes sociales.

Charismatiques, dotés d'une personnalité et d'un style uniques, les influenceurs virtuels, tels que Lil Miquela avec ses 2,7 millions d'abonnés sur Instagram, incarnent des personnages numériques qui interagissent avec leur communauté, diffusent du contenu et collaborent avec des marques (avez-vous vu l'une des dernières publicités de BMW ?). Leur atout principal pour les marques réside dans le contrôle absolu de leur image, de leur discours et de leurs actions (en plus de leur disponibilité permanente).

L'IA est devenue omniprésente sur les réseaux sociaux. Elle alimente déjà une multitude de fonctionnalités : la traduction automatique, la recommandation de contenu, la détection de contenu inapproprié mais aussi la création de contenus plus attrayants, notamment des articles ou des publicités sur des plateformes comme LinkedIn. En outre, les *chatbots*, utilisant l'IA, sont de plus en plus répandus pour répondre aux questions des utilisateurs (Instagram teste actuellement un programme visant à transformer les créateurs en *chatbots* alimentés par l'IA).

Ces évolutions interrogent :

- Les influenceurs virtuels prendront-ils le pas sur les influenceurs humains ?
- L'authenticité et la singularité ont-elles toujours leur place dans ce contexte ?

+ LES INFLUENCEURS VIRTUELS PRENDRONT-ILS LE PAS SUR LES INFLUENCEURS HUMAINS ?

Prédire le remplacement des influenceurs humains par les influenceurs virtuels est complexe car cela dépend de nombreux facteurs. Les influenceurs virtuels, une tendance émergente et populaire dans le marketing d'influence, ne remplacent pas totalement leurs homologues humains. Pourquoi ? Parce qu'ils peinent à reproduire l'authenticité et la connexion émotionnelle de leurs modèles, recherchée par les socionautes. Il semble donc probable que les deux coexisteront, chacun apportant des avantages spécifiques. Les marques peuvent recourir aux influenceurs virtuels pour certaines campagnes, et aux influenceurs humains pour d'autres.

+ L'AUTHENTICITÉ ET LA SINGULARITÉ ONT-ELLES TOUJOURS LEUR PLACE DANS CE CONTEXTE ?

Oui, l'authenticité et la singularité conservent une place importante dans le contexte de l'évolution des réseaux sociaux et de l'intégration croissante de l'IA. Comme l'a montré la récente étude Hootsuite, les socionautes recherchent des interactions authentiques (68 %). Les marques et les créateurs de contenus qui partagent des expériences réelles, expriment leurs valeurs avec transparence et interagissent de manière authentique avec leurs abonnés sont ceux qui suscitent le plus d'engagement et de fidélité. De même, la singularité reste précieuse car elle permet à un individu ou à une marque de différencier, de se démarquer et de sortir du lot dans un environnement saturé de contenu.

✚ L'AVENIR DES RÉSEAUX SOCIAUX RÉSIDE DANS UNE COLLABORATION HUMAIN/IA

Savoir tirer parti des avantages de l'IA tout en préservant son authenticité et sa singularité est la clé de la réussite sur les réseaux sociaux. L'avenir des réseaux sociaux sera défini par la capacité des utilisateurs et des plateformes à trouver un juste équilibre entre les atouts offerts par l'IA et les valeurs que sont l'authenticité et la singularité.

LE *GROWTH HACKING* ET LES *CHATBOTS*

Pour approfondir notre compréhension du *growth hacking* et des *chatbots*, nous avons mis l'expertise de Frédéric Canevet à contribution :

TÉMOIGNAGE

Frédéric Canevet

L'IA a changé le métier de *growth hacker*. Auparavant, de nombreuses actions nécessitaient de coder ou d'utiliser des logiciels spécialisés. Désormais, avec l'IA, vous avez à votre disposition un assistant, voire une véritable équipe !

Mais qu'est-ce que le *growth hacking* ?

Le *growth hacking* a deux facettes :

- « *Hacking* » fait référence aux astuces pour détourner le système, en particulier réaliser des actions, parfois à la limite de la légalité (sans la dépasser), en utilisant créativité, logiciels et assistant offshore.
- « *Growth* » désigne l'optimisation du cycle des ventes pour transformer un prospect en client, et maximiser la marge[8].

8. Témoignage sur bit.ly/ublochatbot

L'IA intervient à ces deux niveaux, sachant que la philosophie du *growth hacker* est « vite fait plutôt que pas fait ».

Une première astuce de *hacking* simple à mettre en place est d'ajouter un *chatbot* utilisant l'IA générative sur son site web. Avec des solutions comme ChatSimple ou Ideta, il suffit de quelques minutes pour apprendre à son Bot ses FAQ, ses e-mails... Cela permet d'offrir un premier niveau de réponse 24 h/24, afin de convertir un maximum de prospects en répondant à la plupart de leurs questions. Il faut mélanger IA classique (les boutons et la compréhension de mots clés pour les demandes stratégiques et simples) et l'IA générative (réponses automatiques pour les demandes de la longue traîne) pour maximiser l'efficacité de son bot.

Ainsi, Ublo.immo (logiciel de gestion locative en ligne) génère sept fois plus de démonstrations *via* le *chatbot* que par la page de contacts.

Concernant la partie « *growth* », le but est d'optimiser le cycle des ventes *via* la méthode AARRR qui permet d'identifier où agir en priorité :

- **Acquisition** : attirer plus de prospects ciblés. Par exemple, fixez-vous un « challenge 30 jours » avec une publication LinkedIn tous les jours. Demandez à ChatGPT 20 idées de sujets à polémique, discussion, débat... sur votre thématique. Sélectionnez les meilleures idées, et demandez à ChatGPT de générer une publication LinkedIn en mode conversationnel, avec une écriture synthétique et professionnelle, qui commence par une question.
- **Activation** : améliorer la conversion des prospects en clients. L'*A/B testing* (qui consiste à tester deux variantes d'un élément) joue un rôle clé pour améliorer ses conversions. ChatGPT va vous permettre de brainstormer sur des objets d'e-mails, des titres de webinaires, de publicités... Tester deux versions de vos e-mailing (avec vos corrections). Mieux encore, demandez à ChatGPT de créer une landing page, des e-mails complets... avec les différentes méthodes de *copywriting*.
- **Rétention** : fidéliser ses clients. Une relation client personnalisée est essentielle afin que vos clients se sentent reconnus. L'IA va vous aider à générer des réponses personnalisées impeccables aux demandes de SAV, ou encore à réaliser une vidéo de bienvenue personnalisée avec le prénom et le nom du client grâce à Heygen.com.
- **Recommandation** : démultiplier le bouche-à-oreille. Demandez à ChatGPT d'analyser vos enquêtes de satisfaction et avis clients (et ceux de vos concurrents), afin d'identifier les points forts/faibles, et les axes d'amélioration.
- **Revenu** : augmenter la marge. L'objectif est de réduire vos coûts opérationnels en automatisant des tâches du quotidien. Pour cela, notez durant votre semaine toutes les actions qui durent plus de 5 minutes, et indiquez si elles sont automatisables (ou pas), si elles doivent toujours être générées par un humain, et enfin, avec le temps dégagé, identifiez quelles actions pourraient être mises en œuvre.

Attention, si l'IA générative permet de gagner en efficacité, il ne faut surtout pas se tirer une balle dans le pied en déshumanisant sa relation client ou en automatisant trop. Par exemple, ne copiez-collez jamais un article de blog ou une publication LinkedIn sans y ajouter votre expertise et votre propre « voix ».

TROP, C'EST TROP !

Pas moins de quinze articles LinkedIn[9] consécutifs du type « Comment écrire un article en trois minutes », « Multipliez votre productivité par quatre », ou « Je gagne au minimum 10 000 euros par mois » (le SMIC sur LinkedIn), chacun agrémenté d'un magnifique selfie sur la plage ou sur un bateau, ont envahi nos smartphones.

Et continuons avec cette masterclass animée par un *copywriter* ou « copyGPT » sur LinkedIn, qui a publié un livre chez une « grande maison d'édition » et qui revendique plus de 80 000 abonnés. Il a partagé ses secrets : utiliser l'IA pour analyser les publications les plus populaires, décrypter leur structure (l'accroche, le thème, etc.), puis demander à ChatGPT de reproduire cette formule gagnante.

Il a également partagé ses « meilleures pratiques » :

- Poster entre 8 h et 9 h du matin les lundis, mardis et jeudis.
- Abuser des selfies, car « l'algo adore ».
- Favoriser la régularité, avec un post et cinq commentaires par jour.

Avec 70 000 nouveaux abonnés en un an, il a certainement raison ! Personnellement, nous postons quand nous avons quelque chose d'intéressant à dire, donc pas très souvent. Un selfie n'apporte rien à notre contenu. Nous ne commentons un post que s'il nous interpelle

9. LinkedIn en France en 2023 : 28 millions d'utilisateurs dont 48 % sont actifs chaque mois. Pour plus de détails : https://tinyurl.com/chiffreslinkedin

réellement et, entre nous, c'est de plus en plus rare. En aparté, nous avons appris que LinkedIn est infesté de faux comptes (*fake profiles*) qui sont devenus pratiquement indétectables, utilisés pour la prospection, l'automatisation ou pour générer de la visibilité. Il est même possible d'acquérir des abonnés (10 000 pour 450 euros) ou des likes (1 000 pour 75 euros). Parallèlement, nous observons une communauté qui commente systématiquement ses productions, formant un circuit fermé sur le principe « tu commentes mon post, je commente le tien ». Comme un bisounours découvrant un monde merveilleux, nous avons découvert les pods… C'est un groupe d'utilisateurs qui se soutiennent mutuellement en interagissant de façon active avec les publications (aimer, commenter, partager), visant ainsi à booster leur visibilité.

Les **pods manuels**, à la manière artisanale, impliquent que les membres choisissent eux-mêmes les publications à promouvoir, souvent organisés *via* des apps comme WhatsApp ou Slack. Les membres y partagent leurs propres posts et s'engagent à interagir avec ceux des autres. En intervenant dans les premières minutes de la publication, ils leurrent l'algorithme, qui interprète alors le contenu comme « intéressant ».

Les **pods automatiques**, à la manière industrielle, recourent à des logiciels pour automatiser l'engagement, diminuant le besoin d'une implication directe des membres.

David Licoppe, un professionnel du SEO, a expérimenté Podawaa et a vu ses publications gagner en popularité de façon spectaculaire, au point de recevoir le badge LinkedIn Top Voice. Il a finalement choisi de révéler cette supercherie en divulguant la liste des 10 000 « experts français[10] » utilisant Podawaa pour gonfler artificiellement leur réputation et expertise sur LinkedIn. Parmi eux, on retrouve nos fameux « experts en poissons rouges », adeptes du copyGPT généré par ChatGPT, du SEO, des réseaux sociaux, coaching, du marketing…

Nous sommes aux premières loges d'une tendance de plus en plus désolante, affligeante et même exaspérante avec la prolifération sur Internet

10. https://tinyurl.com/davidpod

et les réseaux sociaux de contenus creux, insipides et inexacts, conçus comme s'ils étaient uniquement destinés à divertir Regis[11], mon poisson rouge. Ces publications, générées par des outils d'IA, dévoilent une absence criante d'intelligence humaine. Plus alarmant encore, certains « experts » autoproclamés encouragent sans retenue de telles pratiques.

En tant qu'acteurs du monde digital, il nous incombe de produire des contenus de qualité qui apportent une valeur à notre audience, et nous sommes responsables de ce que nous publions. Toutefois, ces pratiques représentent une dérive inquiétante où le contenu est de plus en plus considéré comme un levier d'optimisation pour les algorithmes.

Fort heureusement, le passé nous a démontré que des algorithmes comme ceux de Google sont capables de s'adapter pour faire face à ces abus. C'est également une question de survie, car ChatGPT menace leur position dominante. Toutefois, la tâche s'annonce ardue, avec un véritable jeu à la *Tom et Jerry* entre algorithmes, où chaque amélioration doit anticiper et contrer les stratagèmes de plus en plus sophistiqués des acteurs malintentionnés. Espérons que des changements systémiques interviendront rapidement afin d'interdire et de sanctionner ces pratiques qui, au-delà de saturer les réseaux avec des contenus insignifiants, nuisent gravement à l'image de notre profession.

Nous nourrissons de sérieux doutes à l'égard de LinkedIn, qui, malgré un discours rassurant, ne semble pas vouloir évoluer. Son modèle économique, axé sur la publicité et les comptes premium, encourage malheureusement certaines dérives. Deux exemples tirés de ses conditions d'utilisation[12] alimentent mes doutes. LinkedIn exige de ses utilisateurs qu'ils s'engagent à ne pas :

- « Développer, soutenir ou utiliser des logiciels, des dispositifs, des scripts, des robots ou tout autre moyen ou processus... destinés à réaliser du *web scraping* des services ou à copier de quelque manière que ce soit les profils et les données. »

11. Hommage au sketch culte des Nuls.

12. Conditions d'utilisation de LinkedIn, section 8 « À faire et à ne pas faire sur LinkedIn » https://tinyurl.com/cgulinkedin

Étonnamment, LinkedIn a pourtant publié un article collaboratif intitulé « Quels sont les moyens les plus efficaces d'utiliser le *web scraping* pour la génération de prospects B2B ?[13] » et tolère les membres qui font l'apologie de telles pratiques.

- « Créer une fausse identité sur LinkedIn, usurper l'identité de quelqu'un, créer un profil membre pour quelqu'un d'autre que soi-même, ou utiliser ou tenter d'utiliser le compte d'un autre. »

La présence de comptes non vérifiés est cependant répandue sur la plateforme, que ce soient des faux comptes cachés comme celui de Lina Zhu[14] (13 000 abonnés) ou totalement transparents comme ceux des influenceurs virtuels telle Anne Kerdi. Pourquoi ces profils ne sont-ils pas supprimés ? Pourquoi ?

Il est grand temps que LinkedIn agisse conformément à ses déclarations, en sanctionnant ceux qui tentent de manipuler son algorithme et en remettant l'humain au cœur du contrôle et de l'éthique !

Quelques propositions :

- Pour être actif sur LinkedIn, obligation d'avoir un compte certifié.
- Ajouter, à côté du pouce « j'aime », un symbole de poisson rouge, pour exprimer qu'un contenu est sans intérêt.
- Bannir les membres recourant aux pods.

En bref, pour devenir un expert en n'importe quoi, commencez par créer de faux profils satellites pour booster votre visibilité, achetez des abonnés pour élargir rapidement votre réseau, publiez du contenu volé sur d'autres comptes *via* le *scraping*, utilisez Midjourney pour diffuser du *deepfake*, et évidemment simulez des likes et commentaires virtuels avec les pods ! Avec un peu de patience, vous obtiendrez un badge « Top Voices » et pourrez commencer à vendre très cher votre expertise et même publier un livre !

13. https://tinyurl.com/linkedinscraping

14. Jérôme Bondu a publié plusieurs articles sur ce sujet, dont celui que vous trouverez à l'adresse https://tinyurl.com/linkedinshadow

Ces outils ne sont que le reflet de nos intentions ; si celles dont nous les nourrissons sont mauvaises, il ne faut pas s'étonner du résultat. Et, face à ce déluge de contenus superficiels générés automatiquement, il est temps de se demander si nous ne sommes pas en train de perdre notre capacité à penser. Si nous continuons sur cette voie, le jour viendra où nous devrons passer un « test de Turing inversé » pour prouver que nous sommes encore capables de produire des réflexions qui ne sont pas le résultat d'une imitation artificielle.

Il semblerait malgré tout que les consommateurs ne se laissent pas tous prendre au piège : dans la dernière étude Gartner, « Marketing predictions for 2024 and beyond[15] », il est prédit que d'ici à 2025, la perception d'une dégradation de la qualité des sites de médias sociaux poussera 50 % des consommateurs à limiter considérablement leur utilisation des plateformes.

L'impact : plus de 70 % des consommateurs s'attendent à ce que l'IA ait un impact négatif sur les réseaux sociaux. De nombreux réseaux sociaux ont déjà intégré l'IA, ce qui pourrait accélérer la perception d'une qualité diminuée et encourager le désengagement.

Après cette digression nécessaire pour exprimer notre mécontentement et nos inquiétudes profondes, revenons à notre fil conducteur...

IA x marketing : La révolution en cours

Pour Asokan Ashok, l'intelligence artificielle a radicalement remodelé les stratégies marketing et les résultats. L'hyperpersonnalisation est au cœur de cette révolution, avec des algorithmes dopés par l'IA qui analysent en détail les données des utilisateurs pour générer des contenus et recommandations ultra-personnalisés. Les *chatbots* et assistants virtuels, en offrant des réponses instantanées et disponibles 24/7, ont renforcé le lien avec les clients, enrichissant leur parcours. En décryptant le comportement des consommateurs, l'IA permet aux marques

15. https://tinyurl.com/predictionsgartner

de rendre leurs campagnes plus percutantes. L'analyse prédictive, en anticipant les tendances, optimise l'utilisation des ressources marketing. La création de contenu, automatisée par l'IA, produit textes, images et vidéos plus efficacement. L'IA affûte également le retour sur investissement publicitaire en peaufinant ciblage et placement. Les outils de veille sur les médias sociaux, utilisant l'IA, évaluent l'opinion sur la marque et facilitent l'interaction client en direct. Ashok résume : « L'IA a provoqué une transformation révolutionnaire, rendant les secteurs plus efficaces, orientés données et centrés sur le client. »

Il cite l'exemple de TechTrend, un géant américain du e-commerce qui a embrassé l'IA pour booster l'engagement client et les ventes grâce à des recommandations personnalisées. Un moteur de recommandation piloté par l'IA analyse en continu comportements, préférences et historiques des clients, augmentant le taux de conversion de 30 % grâce à des recommandations sur mesure. En s'adaptant dynamiquement aux tendances et préférences, le système a aussi amélioré la fidélisation client de 20 % et réduit les dépenses marketing superflues de 15 %.

Les conseils d'Ashok pour intégrer l'IA dans le marketing :

« Commencez par définir des objectifs clairs pour l'IA qui correspondent à vos visées marketing, comme la personnalisation du contenu ou l'automatisation des tâches. Assurez-vous que vos données sont propres et de qualité pour que l'IA fonctionne efficacement. Choisissez des outils d'IA qui correspondent à vos besoins en marketing et formez votre équipe. »

Pour ceux désirant approfondir leur compréhension de l'IA dans le marketing, Ashok recommande le livre *AI for Marketing and Product Innovation* d'A.K. Pradeep[16]. Il conseille aussi de suivre les blogs de Medium, HubSpot et Neil Patel.

16. Paru en 2019 chez John Wiley & Sons Inc.

L'ESSENTIEL

+ **Conception web :** l'IA et les solutions *no-code* transforment la création de sites web en les rendant accessibles à tous. Ces outils facilitent la personnalisation et le respect des standards, permettant aux marketeurs de se focaliser sur le *branding*.
+ **SEO :** ChatGPT enrichit le SEO à travers la recherche de mots clés, l'optimisation des contenus, titres, méta-descriptions, etc., dynamisant ainsi la visibilité en ligne.
+ **Attention à la standardisation :** avec l'automatisation croissante par l'IA, une vigilance est requise pour prévenir la standardisation des processus, qui risque de nuire à l'originalité et à la pertinence du contenu, menant à un nivellement par le bas.
+ **Analyse de données améliorée :** l'IA fournit une analyse détaillée des comportements en ligne, permettant des ajustements stratégiques pour améliorer la performance web. Des outils comme Google Analytics, Salesforce ou HubSpot offrent des perspectives pour optimiser conversion et engagement.
+ **Contenus engageants :** l'IA assiste dans la planification et le *repurposing* du contenu, augmentant l'efficacité de la communication. Utiliser l'IA pour la création de contenus variés et pertinents assure un engagement accru de l'audience.
+ **Préoccupation alarmante de dérives accélérées par l'IA :** la prolifération de contenus creux, optimisés pour les algorithmes, la création de faux comptes et les mauvaises pratiques encouragées par de prétendus experts, et même par certains réseaux sociaux, menacent l'image et la fonction même du marketing.

CHAPITRE 6

Innovation, orchestration et tarification

Executive summary

Pour la création et le lancement d'un nouveau produit, l'attention se focalise essentiellement, à raison, sur sa réussite ou son échec. Pourtant, ce résultat n'est pas le fruit du hasard mais l'aboutissement d'une multitude de facteurs, tels que les suivants :

- **ChatGPT et l'innovation** : intégrer l'IA dans le processus de *brainstorming*, de résolution de problèmes complexes et dans le domaine de l'innovation.
- **Défis de la tarification dynamique** : connaître et comprendre cette approche complexe qui est incontournable tout en étant conscient de ses limites.
- **Tarification à l'ère de l'IA** : saisir l'importance d'une stratégie de tarification performante, équilibrée et éthique.

CHATGPT, LE SHERLOCK HOLMES DE L'INNOVATION

Sans innovation, une entreprise est en respiration artificielle !

L'innovation, c'est l'excitation de partir d'une feuille blanche, le frisson de l'incertitude, la satisfaction de créer un nouveau produit ou service, et finalement, le soulagement lorsqu'il rencontre son public. Thomas Edison, avec son obstination à créer l'ampoule électrique, disait : « Je n'ai pas échoué, j'ai juste trouvé 10 000 solutions qui ne fonctionnaient pas. »

La croyance populaire veut que plus de 80 % des innovations échouent. Clayton Christensen, de Harvard, aurait avancé un taux d'échec de 95 % pour les nouveaux produits, tandis que des recherches plus récentes suggèrent un taux autour de 40 %[1]. Alors, pourquoi persiste-t-on à croire à un taux d'échec si élevé ? La réponse pourrait résider dans notre tendance à accepter les idées répandues et dans l'intérêt des managers à exagérer les échecs pour relativiser les leurs. Cet exemple illustre comment un biais humain peut influencer les IA. Je reste très prudent dans l'interprétation des chiffres, conscient que nous pouvons leur faire dire beaucoup de choses. Pour un centaure, ces chiffres enrichissent l'analyse plutôt que de simplement soutenir un argument préétabli.

L'innovation, souvent initiée par un *brainstorming*, au cours duquel les idées éclatent tels des grains de pop-corn, trouve en ChatGPT un nouveau partenaire de jeu capable de générer en abondance des idées ou des associations de mots. Pour exploiter au mieux ChatGPT, alignons-nous sur les principes du *brainstorming* :

- **Préparation minutieuse** : avant toute chose, précisez le champ de vos interrogations. Quelles sont les questions spécifiques auxquelles

1. Publication de Jérôme Barthélemy, « Échec des nouveaux produits : mythes et réalités », https://tinyurl.com/echecnewproduits

vous cherchez des réponses ? Cette étape de réflexion initiale, avec ou sans IA, est déterminante pour la qualité des échanges à suivre.

- **Exploration de diverses pistes** : ne vous limitez pas à une seule requête. L'ouverture à un éventail de questions favorise l'exploration d'une plus grande variété de perspectives et d'inspirations. ChatGPT, avec ses connaissances, peut vous conduire vers des terrains vierges.
- **Amplification des réponses** : les suggestions de ChatGPT, diverses et riches, servent de tremplin pour votre créativité. Elles sont là pour stimuler votre imagination et encourager votre réflexion.
- **Reformulation des questions** : si les réponses ne satisfont pas vos attentes, reformulez ou précisez vos questions. Cette démarche aide ChatGPT à mieux cerner vos besoins et à fournir des réponses plus précises.
- **Peaufinage des idées** : quand certaines idées commencent à prendre vie, ChatGPT peut vous aider à les développer et les affiner, que ce soit pour enrichir un concept, suggérer des améliorations ou envisager des applications pratiques.
- **Période de maturation** : prenez le temps de laisser mûrir vos idées. Un délai de quelques jours est souvent bénéfique ; c'est pendant cette phase de repos que vont germer dans votre esprit de nouvelles idées ou une meilleure compréhension. Personnellement, c'est dans cette période de « digestion » que mes idées deviennent plus nettes et que jaillissent des opportunités avec une nouvelle lucidité.

Brainstormons sur l'exemple du livre numérique avec ChatGPT : « Quelles sont les nouvelles tendances dans le domaine des livres numériques ? » ou « Quelle serait la prochaine grande innovation dans les livres numériques ? ». ChatGPT évoque, par exemple, la possibilité d'intégrer une narration vocale personnalisable, de créer des expériences de lecture immersives avec la réalité augmentée, ou d'ajouter des fonctionnalités interactives pour rendre la lecture plus engageante.

La narration vocale personnalisable permet de choisir parmi des voix synthétisées aux tonalités et accents variés, ou même inspirées de célébrités. Cette innovation transformerait la lecture à voix haute, offrant par exemple un roman narré par Audrey Tautou, et ne me demandez pas pourquoi. Ce choix, échappant à toute logique algorithmique, repose sur un souvenir issu de notre « mémoire cache ». Évidemment, une telle proposition nécessiterait des accords de licence et l'accord d'Audrey.

Face à une énigme professionnelle complexe, vous vous sentez coincé, oscillant entre confusion et frustration. Et si vous pouviez demander à Sherlock Holmes de vous aider ? Voici un récit inspiré et adapté de l'énigme de l'éleveur de chameaux, où les intelligences artificielle et humaine s'associent pour résoudre…

LE MYSTÈRE DES 17 CHIENS DE BASKERVILLE

Nous nous téléportons dans le pittoresque village de Baskerville, où Charles, un éleveur renommé, a légué à ses trois fils son précieux élevage de manière énigmatique : la moitié à l'aîné, un tiers au cadet, et un neuvième au plus jeune. Comment diviser 17 chiens selon ces directives sans en sacrifier aucun ?

Confrontés à ce casse-tête, les frères consultent le boucher du village, réputé pour son esprit tranchant dans la résolution de problèmes. Sur son conseil, ils sollicitent ChatGPT. L'IA propose alors d'ajouter un chien à l'élevage, portant le total à 18. Ainsi, le partage devient plus aisé : neuf chiens pour l'aîné, six pour le cadet et deux pour le plus jeune. Les frères, reconnaissants, expriment au boucher leur profonde gratitude. Avec un sourire, le boucher, caressant son fidèle Muick, leur confie : « Il suffit parfois d'une pincée d'imagination et d'un algorithme judicieux pour dénouer les situations les plus complexes. »

Parfois, tout ce qu'il faut pour résoudre un problème est une nouvelle perspective, et c'est exactement en cela que ChatGPT peut être utile. Cette histoire va au-delà d'une simple anecdote pour illustrer l'importance de l'approche de l'intelligence augmentée. Elle montre comment la combinaison des intelligences humaine et artificielle peut produire des solutions qui surpassent largement ce que chacune pourrait offrir séparément.

Pour ceux qui doutent encore de la capacité de l'IA à transformer les paradigmes de l'innovation, considérons le cas de Y3000[2], une innovation de Coca-Cola. Ce produit marque une collaboration inédite entre intuition humaine et analyse de données par l'IA, fondée sur notre conception du « goût du futur ». Coca-Cola a exploité l'IA pour développer des saveurs totalement nouvelles et concevoir un emballage au design futuriste.

Terminons sur les mots de Maurice Levy[3] :

« Il ne faut jamais avoir peur des innovations : une des choses qui freinent le développement des entreprises et des pays, c'est la crainte de l'innovation. L'innovation, il faut non seulement l'embrasser, la prendre en charge, mais la dominer et l'exploiter. Il ne faut pas être les rois de la réglementation parce qu'on est très fort pour réglementer et pas assez pour innover. Il faut pousser l'innovation et penser à la réglementation après. L'intelligence artificielle est un puissant allié à la création et aussi un puissant allié à la réalisation de tâches difficiles et pénibles. »

En réponse à notre demande de compléter ces propos, Levy a ajouté : « On peut toujours enrichir une pensée, mais l'essentiel est là. »

2. https://tinyurl.com/cocay3000

3. Interview sur France Inter le 15 mai 2023 de Maurice Levy, figure emblématique de la publicité française et ancien PDG de Publicis, https://tinyurl.com/innovationlevy

LA TARIFICATION DYNAMIQUE : UN MONSTRE À PLUSIEURS TÊTES

Un soir d'été, à la recherche d'une chambre d'hôtel à Orléans, nous trouvons une offre à 136 euros. Un problème technique nous oblige à redémarrer mon ordinateur, et à ma surprise, le prix a grimpé à 148 euros, tandis que le tarif initial était toujours affiché sur le téléphone. Nous avions croisé l'hydre de la tarification dynamique, ce monstre moderne qui adapte ses prix en fonction de notre environnement numérique.

Le e-commerce et l'intégration silencieuse de l'IA dans les algorithmes de tarification ont complexifié le paysage commercial. Ils introduisent des méthodes comme le *yield management*, qui consiste à ajuster les prix en temps réel en fonction de l'offre et de la demande, révolutionnant des industries entières, notamment l'hôtellerie et le transport. Cette évolution a abouti à un tarif « à la tête du cookie », exploitant nos données de navigation pour ajuster les prix en revenant à l'ancien principe de faire des prix à la tête du client. Toutefois, avec l'arrêt annoncé des cookies tiers, cette hydre est sur le point de muter, trouvant de nouvelles manières de personnaliser les tarifs.

Cette mutation nous confronte à un dilemme éthique : est-il acceptable de modifier les prix selon les profils des acheteurs ? Un fossé se creuse entre les consommateurs avertis qui maîtrisent ces mécanismes et ceux qui, moins informés, sont contraints de payer le plein tarif.

L'innovation, guidée par l'IA, doit être régulée pour assurer un commerce équitable, garantissant que chaque consommateur ait accès au même produit, au même moment, au même prix. Le maintien de la transparence et de l'équité tarifaire est un principe fondamental du commerce.

Cela soulève une autre question : avec l'ère de la tarification dynamique, la notion de prix de référence, essentielle pour établir des promotions, tend-elle à s'estomper ?

Face au déploiement silencieux et parfois sournois de l'IA, il est temps de discuter ouvertement de tous ses impacts. Comme le dit Luc de Brabandere : « Les algorithmes ne se dévoilent pas complètement. Ils ne respectent pas toujours les lois, notamment en matière de propriété intellectuelle. C'est une caractéristique fondamentale des algorithmes : leur manque de transparence total. Au carnaval du numérique, les robots sont masqués. »

L'évolution de la tarification à l'ère de l'IA

Dans un monde commercial en mutation, l'approche de George Boretos en matière de tarification, alliant intelligence artificielle et économétrie[4], marque une avancée significative. Il démontre l'importance stratégique de la tarification, affirmant : « La tarification n'est pas seulement un levier majeur pour l'entreprise ; c'est une tâche complexe et intellectuellement exigeante. »

La tarification est un levier fondamental de la performance d'une entreprise, affectant directement la croissance, la rentabilité et la perception de la qualité par les clients. Elle est influencée par une multitude de facteurs, allant des conditions macroéconomiques et de marché au positionnement du produit et aux caractéristiques de la clientèle. La complexité de la tarification réside dans son caractère multidimensionnel, nécessitant une analyse approfondie de ces divers éléments pour déterminer la stratégie optimale.

Prenons le cas de l'entreprise qui a lancé TractX, un tracteur avancé pour l'agriculture de précision, voyant ses ventes se stabiliser à 1 000 unités par an. Avec un coût par unité de 40 000 dollars et un prix de vente de 52 000 dollars, l'entreprise génère un bénéfice brut de 12 millions de dollars annuellement, en dessous des attentes. Le défi est d'augmenter ce profit brut de 5 %, en explorant différentes voies : augmenter le volume des ventes, réduire les coûts, ou bien améliorer la tarification. Une analyse rapide révèle qu'une augmentation de 5 % du volume ou une réduction des coûts apporteraient respectivement une amélioration

4. L'économétrie est une branche des sciences économiques qui utilise des méthodes mathématiques et statistiques pour analyser et tester des théories économiques, en se fondant sur des données réelles. Elle permet d'établir des modèles quantitatifs pour prévoir des tendances économiques, évaluer les politiques économiques, ou comprendre les relations entre différents facteurs économiques.

de 5 % et de 17 % du profit brut, tandis qu'une hausse de 5 % du prix de vente entraînerait une augmentation surprenante de 22 % du profit brut. Cela illustre la puissance de la tarification comme principal levier de rentabilité, influençant également le volume des ventes et les parts de marché grâce à l'élasticité des prix, ainsi que les coûts *via* les économies d'échelle.

La tarification, toutefois, n'est pas une science exacte et s'appuie sur la compréhension des conditions macroéconomiques, de la concurrence, de l'adéquation produit-marché, et des segments de clients. Elle nécessite une réflexion stratégique pour naviguer dans sa complexité et identifier les stratégies optimales. Les règles de base indiquent que des prix plus élevés réduisent les ventes, sauf si la qualité perçue justifie ces prix, soulignant l'importance de la valeur ajoutée et de la communication efficace de cette valeur aux clients.

Dans ce contexte, l'intelligence artificielle représente une opportunité révolutionnaire pour affiner la tarification. L'IA permet d'analyser des volumes massifs de données pour identifier des tendances, prévoir la demande, et optimiser les stratégies de tarification en tenant compte d'une myriade de variables. Elle offre la possibilité de simuler des scénarios de tarification dynamique ou adaptative, permettant aux entreprises de maximiser leur rentabilité tout en restant compétitives et flexibles.

Cependant, l'intégration de l'IA dans la tarification doit être effectuée avec discernement. Il est essentiel de trouver un équilibre entre les modèles d'IA intelligents par domaine, qui sont explicables, contrôlables et intègrent des règles et une logique économétrique spécifiques au secteur, et les approches d'IA à usage général – souvent des boîtes noires – qui offrent une certaine flexibilité mais peuvent manquer de précision sans une compréhension approfondie du contexte.

L'utilisation éthique de l'IA soulève également des questions importantes. Alors que l'IA peut augmenter l'efficacité et la rentabilité, il est vital de considérer son impact sur l'emploi et la société. Une approche équilibrée, qui utilise l'IA pour soutenir et augmenter les capacités humaines plutôt que de les remplacer, est préférable.

En conclusion, l'IA offre des opportunités pour améliorer la tarification et, par extension, la performance globale de l'entreprise. En exploitant l'IA de manière stratégique et éthique, les entreprises peuvent non seulement accroître leur rentabilité mais aussi renforcer leur compétitivité dans un marché de plus en plus piloté par les données.

L'ESSENTIEL

La réussite dans la création d'un nouveau produit n'est jamais garantie, mais nous pouvons augmenter nos chances en adoptant le bon comportement :

- **Tirer parti de l'IA pour innover,** notamment avec ChatGPT, qui se révèle être un véritable partenaire de *brainstorming* pour générer des idées innovantes et résoudre des problèmes complexes, apportant ainsi de nouvelles perspectives.
- **Maîtriser les défis de la tarification dynamique,** un aspect complexe mais essentiel pour naviguer dans un marché en constante évolution. Cette méthode soulève des questions d'équité à ne pas ignorer.
- **Adopter une stratégie de tarification guidée par l'IA** qui optimise les performances tout en restant éthiques, comme souligné par George Boretos.

CHAPITRE 7

Veille marketing et efficacité au travail

Executive summary

« Je suis débordé... »

Ces mots résument souvent notre quotidien, symbolisant notre dévouement à notre travail. Il est temps de nous libérer de ces contraintes avec l'aide de notre assistant augmenté, qui nous aide à libérer du temps précieux pour nous concentrer sur des tâches importantes, comme la veille marketing.

- **Le surmenage au travail** : repenser notre efficacité en optimisant le temps passé sur des tâches chronophages.
- **Démêler le faux du vrai** : s'assurer de la véracité d'une information dans un monde inondé d'informations pour prendre les bonnes décisions.
- **Veille marketing** : quelques conseils précieux pour une veille digitale efficace qui permet de conserver une longueur d'avance.
- **Copilot** : la solution de Microsoft promet de révolutionner nos tâches bureautiques, notamment avec Excel & co.
- **Dompter les e-mails** : des stratégies pour une gestion efficace des e-mails, réduisant le temps perdu dans une activité souvent envahissante.

- **L'IA, votre partenaire Tetris** : pour la gestion du temps et de l'organisation, l'IA s'avère un allié de taille dans l'optimisation de notre quotidien professionnel.
- **Les conseils d'un pionnier en IA générative** : des astuces pratiques pour améliorer l'efficacité en entreprise.
- **ChatGPT le polyglotte** : ouvrant les portes à une communication sans frontières, ChatGPT réduit les barrières linguistiques.

Préparez-vous à transformer votre manière de travailler.

DÉJOUER LE MYTHE DU SURMENAGE !

Brisons ce mythe : « Nous sommes débordés, nous travaillons de longues heures, nous sommes des professionnel dévoués et investis dans notre travail ! » Une croyance trop ancrée selon laquelle être débordé et faire des heures supplémentaires sont synonymes d'efficacité et de réussite. Or, une grande partie de notre temps est consacrée à des tâches répétitives qui ne sont pas toujours enrichissantes. En tant que responsable marketing, j'ai analysé mon emploi du temps sur un trimestre, fondé sur une semaine de travail théorique de 39 heures :

- Gestion des e-mails et des messages sur Teams : 30 %.
- Préparation de présentations et *reporting* : 20 %.
- Préparation et participation aux réunions : 25 %.
- … Et après cela, je fais du marketing et du management !

ChatGPT peut aider à réduire ces charges, mais le vrai défi est humain. Adoptons des principes simples pour une gestion efficace des réunions : exigence d'un ordre du jour, respect des horaires, durée maximale de 45 minutes, limitation à deux réunions par jour, et une conclusion précisant « qui fait quoi pour quand ».

La maîtrise du temps est une quête perpétuelle (ou un casse-tête) dans le monde du travail. Se sentir débordé et passer d'une tâche à l'autre sans respiration sont malheureusement devenu la norme, et cela rassure même certains professionnels. Pour d'autres, cela peut mener à un sentiment d'épuisement et de frustration, réduisant inévitablement leur efficacité.

Analysons l'étude de la Harvard Business School, avec le Boston Consulting Group (BCG)[1], qui a exploré l'impact de l'utilisation de ChatGPT sur la qualité du travail, la productivité et la créativité. Cette étude a impliqué 758 consultants de BCG, répartis en trois groupes distincts pour une comparaison directe : ceux utilisant ChatGPT sans aucune formation préalable, ceux bénéficiant d'une formation à son utilisation, et ceux n'utilisant pas ChatGPT du tout. Les résultats montrent une amélioration de plus de 40 % de la qualité du travail et une capacité à accomplir 12 % de tâches supplémentaires 25 % plus rapidement parmi ceux qui ont été formés. Les consultants jugés de compétence « moyenne » ont vu leur performance bondir de 43 %, tandis que l'amélioration observée chez les consultants considérés comme « hautement compétents » a progressé de 17 % seulement.

Toutefois, l'étude a également mis en évidence certaines limites de l'utilisation de ChatGPT, en particulier lorsqu'il est employé pour des tâches s'étendant au-delà de ses domaines de compétences, aboutissant à une réduction de la qualité et de la fiabilité des réponses fournies.

En définitive, l'étude démontre que l'adoption de ChatGPT entraîne une amélioration de la qualité du travail, sous réserve d'une formation adéquate et d'une compréhension des limites de l'IA. Elle souligne l'importance critique de discerner précisément les domaines où l'IA excelle et ceux où elle est moins efficace.

1. Étude de septembre 2023 : https://tinyurl.com/etudebcg

DÉMÊLER LE VRAI DU FAUX AVEC LA VEILLE MARKETING

Idéalement, notre rituel quotidien devrait commencer par une session de veille pour rester informés des dernières tendances du marché, des innovations en marketing et pour surveiller l'activité des concurrents. Néanmoins, il est souvent compliqué de trouver le temps nécessaire pour cette tâche essentielle, ce qui nous pousse à procrastiner.

L'information est omniprésente, abondante et diversifiée, formant un flot incessant non filtré qui ne s'arrête jamais. Malgré l'arsenal d'outils « intelligents » à notre disposition pour la dénicher, la combiner, la résumer et la traduire, jamais nous n'avons consacré autant de temps à la vérifier, tant il devient ardu de distinguer le vrai du faux, effritant peu à peu notre confiance dans des médias jusque-là réputés fiables. Il est probable que vous trouviez dans ce livre quelques imprécisions. Par exemple, j'ai failli reprendre une affirmation largement diffusée : « Selon un rapport du laboratoire d'innovation d'Europol, 90 % du contenu en ligne pourrait être généré artificiellement d'ici à 2026. » Cette information est reprise par des sites tels que CNews[2] ou Usbek & Rica[3]. Ils citent l'information et l'étude mais ne donnent aucun lien vers leur source. Après recherche, il s'avère que le rapport d'Europol « Facing Reality ? Law Enforcement and the Challenge of Deepfakes[4] » aborde certes les *deepfakes*, mais ne mentionne nulle part ces fameux 90 %. Cette prédiction semble émaner d'une interview de Nina Schick[5], et être fondée uniquement sur son intuition. À un certain moment, une confusion entre les deux sources a dû se produire, se répandant ensuite dans de nombreux articles et devenant, pour les IA, une « vérité ». Même le GPT Fact Checker, réputé pour

2. https://tinyurl.com/exfakenews
3. https://tinyurl.com/ex-fakenews
4. https://tinyurl.com/europolfake
5. https://tinyurl.com/madameirma

démasquer les *fake news*, a validé cette information. Ce phénomène de fausses nouvelles ou d'erreurs n'est certes pas nouveau, mais avec l'émergence des IA, il prend une ampleur exponentielle. Avec cette vitesse de propagation et son intégration progressive dans les bases d'apprentissage des IA, nous osons à peine imaginer la suite !

Nous prenons parfois de mauvaises décisions à cause d'informations imprécises ou de données biaisées. Avec l'arrivée de l'IA, nous devons hausser d'un cran notre niveau de vigilance en vérifiant la source de la source.

OPTIMISER SA VEILLE DIGITALE AVEC L'IA

Abordons ce thème avec l'esprit aiguisé et expérimenté de Yann Gourvennec, auteur de cette section.

La veille digitale a beaucoup évolué ces dernières années. D'abord, les moteurs de recherche sont devenus des moteurs de réponse, ce qui n'est pas vraiment nouveau[6]. Ensuite, les technologies d'intelligence artificielle générative (Gemini, Ms Copilot et ChatGPT 4, Perplexity.ai...), dans leurs dernières versions, sont liées à Internet. Enfin, de nouveaux modèles émergent, non sans poser des questions quant à la confidentialité des données, qui permettent de créer son propre modèle LLM fondé sur des données fermées. Même si Gartner a mis toutes ces technologies d'IA dans le même panier des technologies en phase émergentes dans son Hype Cycle de fin 2023, le monde de la veille digitale est en pleine ébullition.

6. Voir https://vismktg.info/sch

J'ai divisé mes conseils pour mener notre veille digitale en deux parties. D'une part les conseils immuables, et les autres qui sont liés à des outils récents, plus puissants, plus disruptifs et volatils. Avant toute chose, restez toujours en veille tant les approches et les outils sont en constante reconfiguration.

Les conseils immuables

- Croisez inlassablement les informations, même en provenance de sources fiables.
- Utilisez la recherche inversée pour savoir d'où viennent les images ou les extraits de texte. Combien de fois une information a-t-elle été reprise – parfois de façon tronquée – d'une autre source ?
- Approfondissez vos recherches : même si la majeure partie des utilisateurs se satisfont d'une réponse à toutes les questions (comme la fameuse réponse « 42 » de Douglas Adams dans *Le Guide du voyageur galactique*[7]), rares sont les sujets qui se résument par oui, non, blanc ou noir.
- Restez en veille permanente, car le monde bouge sans cesse, même s'il fait aussi du sur-place[8].

Les conseils à lire aujourd'hui

- Changez le moteur ! Je suis passé à DuckDuckGo, parce que Google est moins pertinent et que les bangs[9] de duck.com sont puissants.

7. Dans cette histoire, des chercheurs construisent le deuxième plus grand ordinateur de tous les temps, et lui demandent quel est le sens de la vie. Après sept millions et demi d'années de réflexion, l'ordinateur fournit enfin la réponse : « Quarante-deux. » Une réponse naturellement impossible à interpréter... Voir The *hitchhiker's guide to the galaxy*, https://vismktg.info/hhgg

8. Pour le mythe de l'accélération digitale, lire https://vismktg.info/accnum

9. À découvrir sur https://duckduckgo.com/bangs

- Les sources fiables : l'IA générative est à l'origine de fermes de contenus douteux[10] qui noient les moteurs de recherche. Quand les contenus deviennent suspects, il est urgent de se pencher sur le *Deep Web*[11]. Les sources fiables se reconnaissent à leurs auteurs fiables, également dans les blogs (voir humansubstance.com).

- Dans les années qui viennent, nous aurons droit à des médias automatiques (voir simplynews.ai, par exemple). À vous de juger si leur valeur ajoutée est encore suffisante.

- Les *newsletters* sont une source d'information de choix. Les créateurs de contenus en B2B tendent à se détacher des plateformes pour reconstituer leurs communautés ; n'oubliez pas de vous y abonner, il s'agit encore de contenus qui passent sous le radar des moteurs de recherche.

- Les médias sociaux sont en pleine reconfiguration. Assurez-vous de bien activer la cloche sur les profils LinkedIn que vous aimez pour ne pas rater leurs publications. Dans tous les cas ne jetez pas les médias sociaux, on y fait encore de belles découvertes.

- *Search Generative Experience* (SGE)[12] : à l'heure où nous écrivons ces lignes, seule l'Amérique peut essayer cette merveille[13], l'Europe suivra sans doute. À suivre et à tester... avec circonspection (voir notre remarque sur « 42 » plus haut). En attendant, tentez le site perplexity.ai, qui affiche parfois des sources intéressantes et pertinentes. L'avenir nous dira si ce service survit à SGE.

10. https://vismktg.info/spamsites

11. À ne pas confondre avec le *Dark Web*, même si ce dernier peut aussi être une source d'information, certes un peu moins licite. Voir ici https://tinyurl.com/deep-dark-web

12. https://tinyurl.com/sgegoogle

13. https://vismktg.info/SGE

Conseil :

Veille avec Google Alerts x ChatGPT
Configuration de Google Alerts : configurez Google Alerts pour recevoir des notifications sur des sujets spécifiques qui vous intéressent. Cela vous permet de rester informé sans effort continu.
Tri initial avec ChatGPT : demandez à ChatGPT de résumer les articles détectés par vos alertes. Si le résumé vous semble intéressant, prenez le temps de lire l'article en entier.
Synthèse par ChatGPT : en fin de semaine ou de mois, demandez à ChatGPT de compiler une synthèse des articles que vous avez validés, classés par thèmes prédéfinis (ex. : marketing, IA, communication, management, concurrence).

Veille tarifaire : l'exception à la règle pour le scraping
Utilisation de Listly.io : exploitez https://www.listly.io/, un outil de *scraping* pour effectuer vos relevés tarifaires. Simple et pratique, il génère des listes Excel que vous pouvez ensuite concaténer avec ChatGPT pour obtenir un relevé complet de vos concurrents.

Perplexity pour la transparence de ses sources
Utilité et fiabilité : https://www.perplexity.ai est utile pour effectuer des recherches avancées et obtenir des informations précises. Il cite systématiquement ses sources, permettant de vérifier l'authenticité et la fiabilité des informations fournies.

LA RÉVOLUTION DE « BUREAU » AVEC COPILOT

Le tant attendu Copilot de Microsoft est enfin disponible en France. Cette innovation, bien qu'encore en deçà des attentes sur de nombreuses tâches, promet des améliorations rapides. Dans le marketing, Excel et PowerPoint sont omniprésents, absorbant une grande partie de notre énergie, et sont rarement des sources de plaisir.

Alors, Copilot, c'est quoi ?

C'est comme si, du jour au lendemain, un assistant personnel avait été intégré à votre ordinateur, capable d'anticiper vos besoins et interrogations. Le nom « Copilot » n'a pas été choisi au hasard. Tout comme le copilote assiste le pilote dans l'aviation, Copilot vise à jouer auprès de vous un rôle similaire dans le domaine de la bureautique.

Pour le moment, le tarif fixé par Microsoft à 30 euros par mois et par utilisateur reflète une volonté d'équilibrer l'accès pendant cette phase de lancement. Cependant, il est probable que Copilot sera, à terme, inclus dans l'offre Microsoft, tirant parti de la technologie d'OpenAI pour enrichir ses fonctionnalités.

La maîtrise des subtilités des tableaux croisés dynamiques ou la création de graphiques élaborés pourraient devenir des compétences du passé. Il vous suffira d'entrer vos données, et Copilot vous suggérera l'approche la plus optimale pour les traiter. Vous soumettrez votre demande, et l'intelligence artificielle, précise et affinée, répondra à vos attentes.

Certains utilisateurs d'Excel, attachés à leurs méthodes traditionnelles, pourraient être réticents à adopter cette nouvelle technologie. Toutefois, l'offre de Copilot est si convaincante que beaucoup seront tentés de franchir le pas, comparable au passage du téléphone fixe au smartphone.

Le succès de Copilot passera par sa capacité à répondre aux besoins des utilisateurs. Au vu de l'historique de Microsoft, il est probable que Satya Nadella et ses équipes soient en passe de transformer notre rapport aux outils bureautiques une fois de plus.

DOMPTER LA TEMPÊTE D'E-MAILS

Après deux semaines de vacances loin du tumulte quotidien, armons-nous de courage pour ouvrir notre boîte de réception… Plus de 1 000 e-mails attendent ! Qui, dans le monde professionnel, n'a jamais été submergé par une avalanche de courriels ? L'usage de l'e-mail est si pratique et si facile pour relayer les moindres détails, en mettant en copie toute l'entreprise… E-mail expédié, mission accomplie !

Pause. Respirons, savourons un carré de chocolat[14] et repensons notre approche de la rédaction d'e-mails pour gagner en sérénité.

Entre la formalité des e-mails, les demandes d'informations et les échanges plus informels, trouver le ton et le contenu appropriés est tout sauf simple. Admettons-le, qui a vraiment le temps de peaufiner chaque e-mail, surtout en fin de journée ?

Un premier conseil : configurez Outlook pour rediriger automatiquement les e-mails dont vous recevez une copie (Cc) vers un dossier spécifique, car ces derniers sont moins urgents. Théoriquement nous devrions le vérifier régulièrement, mais en pratique c'est rare, vu la vitesse à laquelle il se remplit.

Pour les e-mails internes, nous avons configuré un GPT spécifique sur ChatGPT, doté de modèles, de styles d'écriture et d'exemples pour chaque catégorie, tels que :

- **Demandes d'informations internes** : pour répondre rapidement aux questions courantes sans divulguer d'informations sensibles.
- **Mises à jour de projet** : pour tenir l'équipe informée de l'avancement des projets.
- ***Feedback* sur le travail** : pour fournir des retours constructifs sur les tâches et projets accomplis.
- **Organisation d'événements internes** : pour la planification et l'invitation à des réunions, déjeuners d'équipe, ou événements de consolidation d'équipe.
- **Envoi d'un ordre du jour** : pour structurer et communiquer efficacement les points à aborder lors des réunions à venir.

Lorsque je reçois un nouvel e-mail, je soumets à ChatGPT l'idée principale, la catégorie de réponse souhaitée et, si nécessaire, l'historique des échanges précédents.

14. Suisse, évidemment, pour un clin d'œil amical à d'anciens collègues. Ils sont probablement aussi responsables de ma dépendance au chocolat que de ma propension à utiliser le mot « efficace » plus souvent que ce qui est socialement acceptable !

Important : anonymisez les messages pour garantir la confidentialité et évitez d'utiliser ChatGPT pour des e-mails contenant des informations confidentielles.

Par respect pour la personne qui vous a envoyé le message, prenez le temps de corriger et de valider la réponse. L'automatisation des e-mails est une grave erreur, même pour la prospection en B2B. Vous prenez le risque de détériorer votre image et de vous faire blacklister.

Pour les e-mails stratégiques et externes, ChatGPT nous sert à la révision et à la correction. Pour les messages sensibles, nous le mettons à l'épreuve en le positionnant du point de vue du destinataire afin d'évaluer sa perception du message. Cela aide à prévenir les écarts entre l'information que nous souhaitons transmettre et la manière dont elle est perçue.

LE TETRIS DE LA GESTION DU TEMPS ET DE L'ORGANISATION

Vous êtes assis à votre bureau, face à un écran submergé de notifications, de rappels et de tâches en attente. Une réunion approche dans dix minutes, une présentation à finaliser pour demain, et un e-mail urgent de votre patron vient de surgir. Vous vous sentez débordé, comme pris dans une partie sans fin de Tetris, où les blocs s'accumulent à une vitesse vertigineuse. La gestion du temps et l'organisation professionnelle ressemblent à ce jeu : chaque tâche accomplie en déclenche deux nouvelles, sans même aborder l'équilibre avec notre vie personnelle. Voilà où ChatGPT et d'autres outils fondés sur l'IA peuvent intervenir.

Planification et priorisation

ChatGPT peut vous assister dans l'organisation de votre journée ou de votre semaine selon vos engagements et objectifs. Inspiré par Matthieu Corthésy, vous pourriez utiliser un prompt tel que :

« Tu es un expert en organisation du temps. Crée un planning de la journée pour optimiser les tâches et le temps d'exécution. Procédons par étapes :

Étape 1 : Pose ces 4 questions :

- Quelle est votre fonction ?
- Quels sont les objectifs ?
- Quelles sont vos tâches pour la journée ?
- Quelle est la plage horaire ?

Étape 2 : Je te donne la réponse aux questions.

Étape 3 : Tu me crées un programme de la journée en utilisant la méthode du « *the Most Important Task method* (MIT) » pour la plage horaire donnée en tenant compte de la fonction, des tâches et des objectifs. Demande ensuite une confirmation ou des modifications. »

Conseil : insérez directement une capture d'écran de votre agenda.

Gestion du stress

Si vous lui dites « Je suis stressé », ChatGPT peut vous proposer des techniques de relaxation, comme la méditation ou des exercices de respiration profonde.

Conseil : demandez-lui un *haïku**, une citation inspirante ou une chanson selon votre humeur.

* *Éthique et savoir,*
L'intuition et les données,
Centaures en marche.

Organisation des informations

ChatGPT peut structurer logiquement vos notes et idées dispersées.

Conseil : donnez-lui une photo de vos notes manuscrites pour obtenir une transcription, une synthèse ou un brouillon.

Planification et organisation de déplacements

Bing, enrichi par Copilot, peut simplifier la planification de vos déplacements professionnels en sélectionnant les meilleures options de transport et d'hébergement adaptés à votre budget.

Comme dans une partie de Tetris, le secret réside dans l'anticipation et la stratégie pour qu'efficacité rime avec bien-être au travail.

AUGMENTER SON EFFICACITÉ EN ENTREPRISE AVEC CHATGPT

Avec Matthieu Corthésy, nous partageons une vision commune de cet outil comme un « super assistant » plutôt qu'un substitut, à l'image d'un stagiaire nécessitant des instructions précises pour accomplir une tâche. Ethan Mollick résume bien cette idée en disant : « ChatGPT est un stagiaire omniscient, désireux de plaire... qui vous ment parfois ! ». Malgré ses capacités, ChatGPT ne saurait encore remplacer le jugement humain ni saisir le contexte avec autant de nuance et de sensibilité qu'un expert. Motivé par cette philosophie, Matthieu Corthésy nous fait part de quelques astuces pour nous aider à optimiser notre productivité avec ChatGPT.

Pour intégrer ChatGPT dans le travail, je vous propose un modèle structuré sous forme de pyramide, divisé en trois niveaux de complexité croissante.

Base de la pyramide : tâches simples et directes

ChatGPT peut être utilisé pour des tâches ne requérant pas une préparation approfondie ni un contexte spécifique. Ces applications, nécessitant des commandes basiques, offrent des résultats immédiats avec une personnalisation minimale. Parmi les exemples figurent la traduction de textes, la rédaction d'e-mails simples et la génération d'idées.

Analyse et synthèse : ChatGPT se distingue par sa capacité à interpréter et synthétiser rapidement les données pour les présenter de manière accessible. Il peut efficacement condenser ou résumer des informations volumineuses, jusqu'à environ 300 pages sur la version GPT-4 Turbo. Vous pouvez insérer directement le texte dans le prompt, ajouter des fichiers PDF ou Word, ou encore fournir l'URL d'une page web pour analyse.

> ***Conseil :***
>
> *Comment gagner un temps fou*
>
> L'extension Chrome gratuite « ChatGPT pour YouTube » permet d'accéder aux résumés de vidéos YouTube, sans visionnage complet ou d'en récupérer la transcription : https://chatgpt4youtube.com/
> AudioPen est une application mobile qui utilise l'IA pour simplifier les prises de notes en transcrivant les conversations vocales en texte.

Milieu de la pyramide : tâches nécessitant plus de contexte

ChatGPT se révèle capable de réaliser des tâches requérant une compréhension approfondie et des instructions spécifiques pour produire des résultats de qualité. Ce niveau d'utilisation implique de personnaliser les commandes, soit en attribuant des rôles précis à ChatGPT, soit en lui imposant une structure et une tonalité. Cette approche est pertinente pour la rédaction de documents complexes, l'élaboration de stratégies de communication, ou la création d'offres d'emploi.

Rédaction d'e-mails : prenons l'exemple rarissime d'un chef de projet marketing recevant des demandes incomplètes, telles que la quantité pour une impression ou une adresse de livraison. Un prompt soigneusement élaboré peut aider ChatGPT à identifier les informations manquantes ou incohérentes à partir d'une trame de brief existante, et à générer l'e-mail de relance nécessaire.

Il est aussi judicieux d'utiliser ChatGPT pour formuler des objets d'e-mail, une tâche souvent sous-estimée. Il est cependant nécessaire de prêter une attention particulière à la relecture et à la personnalisation des e-mails, surtout lorsqu'ils sont destinés à un public externe, tel que des clients. Une impression de communication automatisée peut nuire à votre image.

Pour les réunions : l'utilisation d'un outil comme Teams, avec l'accord des participants, permet de transcrire automatiquement les réunions. Ensuite, je demande à ChatGPT de rédiger un compte rendu en s'inspirant d'un modèle existant et en lui spécifiant les points clés à mettre en évidence.

Vous pouvez également utiliser Fireflies.ai, un outil d'IA, pour transcrire les réunions et faciliter la collaboration. Fireflies.ai améliore le travail d'équipe avec des options de commentaires, d'épinglage et de partage des moments clés. L'outil automatisé intègre aussi les notes des appels dans votre CRM, crée des tâches *via* des commandes vocales, et partage instantanément les comptes rendus, optimisant ainsi les flux de travail. Une alternative à cela est l'outil Leexi.ai.

Sommet de la pyramide : utilisations les plus avancées et personnalisées

L'utilisation avancée de ChatGPT nécessite une interaction détaillée et un contexte riche pour générer des résultats spécifiques et de qualité. À ce niveau, il peut être bénéfique d'employer des techniques avancées, comme la création de prompts en chaîne afin d'obtenir une conclusion ou un produit fini plus sophistiqués. Cela est particulièrement vrai pour des tâches comme la création de discours ou l'élaboration de stratégies marketing complexes.

Pour la rédaction d'un article, orienter ChatGPT avec des exemples précis et des cadres conceptuels est essentiel pour éviter qu'il ne génère un contenu générique ou superficiel. Par exemple, un prompt inspiré des techniques de *copywriting* pourrait se présenter ainsi :

« Imagine que tu es un rédacteur expérimenté spécialisé dans les titres accrocheurs pour un article. L'article aborde les cinq questions les plus fréquentes des débutants sur ChatGPT. Rédige trois titres accrocheurs pour un article de 200 mots maximum, en utilisant ces trois méthodes :

- AIDA (Attention, Intérêt, Désir, Action)
- PAS (Problème, Agitation, Solution)
- BAB (*Before, After, Bridge*)

Présente les réponses sous forme de tableau. »

Conseil :

Pour écrire un article

- Noter toutes vos idées sur le sujet.
- Demander à ChatGPT de compléter les idées manquantes par une recherche approfondie.
- Enrichir ces nouvelles idées avec l'aide de ChatGPT.
- Sélectionner les idées les plus pertinentes.
- Obtenir de ChatGPT un plan pour l'article.

• Rédiger une ébauche pour chaque paragraphe, incluant vos idées, exemples et opinions, puis solliciter l'avis de ChatGPT pour une analyse fondée sur le style d'écriture que vous avez préalablement défini à partir de vos textes de référence.
• Assembler les différents paragraphes et apporter les ajustements nécessaires pour assurer la cohérence et la clarté du texte.
• Utiliser la technique des « cinq pourquoi[15] » pour une accroche percutante. Cette méthode consiste à poser la question « Pourquoi ? » cinq fois de suite pour explorer en profondeur les causes sous-jacentes d'un sujet.

Corthésy souligne l'importance de commencer par des tâches simples pour se familiariser avec l'outil avant de progresser vers des utilisations plus complexes. Il met également en avant l'idée que, bien que ChatGPT puisse offrir une augmentation significative de la productivité, il faut comprendre ces limites et savoir quand et comment l'utiliser pour compléter le travail humain plutôt que de tenter de le remplacer entièrement.

Pour conclure, une astuce de Matthieu m'a été précieuse pour débuter avec Midjourney : utiliser Prompt Folder[16] pour créer des prompts.

DO YOU SPEAK ENGLISH? AVEC L'IA

Google Translate et DeepL ont commencé à abattre les barrières linguistiques, et ChatGPT est en train de terminer le travail. Nous avons soumis divers contenus traduits par ChatGPT à nos traducteurs internes sans leur préciser l'origine de ces traductions, évitant ainsi les préjugés souvent associés à la mention de son nom, à l'instar

15. Savourez l'article et la vidéo de Stéphane Truphème, https://tinyurl.com/captainpourquoi

16. https://promptfolder.com/midjourney-prompt-helper/

de « Celui-Dont-On-Ne-Doit-Pas-Prononcer-Le-Nom ». Contre toute attente, 95 % de nos traductions ont été validées, les corrections apportées concernant principalement du jargon spécifique à notre secteur, une lacune facilement comblée en intégrant ce jargon dans les prompts de GPT.

Soudain à la télévision, j'ai entendu Gilles Bouleau[17] diffuser un bulletin d'information en hindi. Grâce à HeyGen, la synchronisation labiale était parfaite, et le ton ainsi que l'intonation étaient impeccablement ajustés, offrant un résultat indiscernable de la réalité. Cela nous amène à envisager le potentiel immense de traduire simplement nos publicités, vidéos d'entreprise, webinaires et formations dans n'importe quelle langue. L'emploi de HeyGen soulève certes des questions éthiques importantes, comme le risque d'aggraver la désinformation et de menacer des professions telles que celles des doubleurs et des traducteurs professionnels. Toutefois nous aurons toujours besoin d'une expertise humaine pour retranscrire toutes nos subtilités.

Jusqu'à récemment, nous pensions que la révolution linguistique prendrait des décennies. Cependant, les dernières avancées nous poussent à reconsidérer cette estimation. Peut-être cette réalité est-elle déjà la nôtre au moment où vous lisez ces lignes.

Idéalement, nous devrions consacrer la majorité de notre énergie aux tâches importantes de notre métier. Cependant, la réalité est différente : nous gérons des urgences qui sont rarement importantes et des activités quotidiennes à faible valeur ajoutée. Par ricochet, nous repoussons des tâches importantes, comme la veille marketing. En maîtrisant des outils augmentés, nous pouvons transformer notre efficacité en recentrant nos efforts sur ce qui est vraiment important.

Dans le passé, nous avions le privilège d'avoir des assistants pour nous aider. Aujourd'hui, nous avons ChatGPT !

17. Reportage TF1 Valentin Dépret, Alix Ponsar, Gilles Parrot, publié le 14 septembre 2023, https://tinyurl.com/tf1heygen

L'ESSENTIEL

Brisons nos chaînes de travailleurs débordés en transformant notre manière de travailler avec les outils d'IA pour nous recentrer sur des tâches importantes :

- En exploitant les outils augmentés par l'IA, **le surmenage au travail n'est plus une fatalité** et nous pouvons nous concentrer sur des tâches importantes.
- **Faire preuve de clairvoyance et de rigueur en vérifiant les informations ainsi que la source de ces sources,** dans un monde gangrené par la désinformation. Savoir distinguer le vrai du faux est indispensable pour prendre de bonnes décisions.
- **Réaliser une veille marketing efficace** en suivant les conseils **immuables et d'aujourd'hui,** pour rester à l'avant-garde.
- **Utiliser Copilot de Microsoft pour révolutionner nos tâches bureautiques,** comme l'indispensable Excel.
- **Employer l'IA et le bon sens humain pour la gestion des e-mails,** minimisant le temps consacré et améliorant la qualité de notre communication.
- **Adopter l'IA comme partenaire dans la gestion du temps et de l'organisation,** optimisant ainsi notre efficacité quotidienne par une optimisation des flux de travail.
- Suivre les conseils de Matthieu pour **booster avec l'IA nos performances en entreprise,** en enrichissant nos méthodes de travail par des astuces pratiques.
- **Intégrer ChatGPT comme outil polyglotte,** éliminant les barrières linguistiques et culturelles, et ouvrant les portes à une communication globale.

CHAPITRE 8

Les écueils

每个人都有阴影和阳光。

« Chaque personne a son ombre et sa lumière. »

Executive summary

Étant notre propre miroir grossissant, chaque intelligence artificielle révèle ses parts d'ombre et de lumière, qu'il faut connaître pour mieux les appréhender.

- **Les cinq murs de l'IA** : abordons les obstacles majeurs tels que la confiance, la sécurité et les limites en humanité.
- **L'empreinte cachée** : scrutons les répercussions environnementales du numérique amplifiées par l'IA.
- **L'AI Act européen et les droits d'auteur** : explorons la nécessité de trouver un équilibre entre régulation et innovation, tout en protégeant les droits des créateurs.
- **L'emploi et l'IA** : réfléchissons au remaniement du marché du travail, entre les risques d'obsolescence des compétences et l'émergence de nouvelles opportunités.
- **Le FOBO (*Fear of Becoming Obsolete*) dévoilé** : découvrons l'anxiété que suscitent chez nous les avancées technologiques et leur impact sur notre bien-être mental.
- **Une IA éthique** : approfondissons le sujet sous différents prismes, dont politique, humain et marketing. Avec une approche critique et humaine, c'est une invitation à réfléchir sur les écueils de l'IA qui ne doivent pas être occultés.

LES CINQ MURS DE L'INTELLIGENCE ARTIFICIELLE

Ne cherchez pas Bertrand Braunschweig sur les réseaux sociaux. En revanche, son article intitulé « Les cinq murs de l'intelligence artificielle » a capté notre attention en semant des graines de réflexion qui ont mûri au fil du temps. Plutôt que de copier son texte, nous avons engagé un échange pour approfondir notre compréhension.

Vous allez probablement sourire, mais la première fois que nous avons entendu parler de ChatGPT, nous avons cru à un jeu PlayStation. Prenons le volant de notre Pfister 811, cette voiture ultra-rapide du jeu GTA. La route devant nous est dégagée, mais soyons vigilants pour éviter les obstacles invisibles…

Mur 1 : la confiance

Face à nous se dresse un mur imposant : le mur de la confiance. Il évoque la crédibilité que nous attribuons à ces systèmes, concernant leur aptitude à fonctionner de manière fiable et sécurisée dans une multitude de contextes. Il ne s'agit pas d'un obstacle que l'IA peut simplement franchir, mais plutôt d'un mur contre lequel elle pourrait se fracasser si nous ne parvenons pas à instaurer une confiance substantielle et vérifiable.

L'accident tragique d'une Tesla[1] a durablement marqué les esprits quant à la fiabilité des technologies autonomes. Les faux pas, une fois survenus, laissent des empreintes durables dans l'esprit des gens, sapant la confiance et freinant l'adoption future.

1. Exemples d'accidents de voiture autonome Tesla : premier accident mortel en 2016 : https://tinyurl.com/tesla2016 / Novembre 2023 : https://tinyurl.com/2023tesla

Les applications dites non critiques, celles qui n'ont pas d'impact direct sur la vie humaine, l'environnement ou l'économie, peuvent tolérer un degré de confiance moindre. Une recommandation erronée de vidéo YouTube ou de film n'a que peu de conséquences. Mais la confiance prend une dimension amplifiée dans des domaines comme le diagnostic médical, la supervision d'installations nucléaires ou la conduite de véhicules et d'avions, où un taux d'erreur infime, comme un pour un milliard, est toléré.

Les systèmes d'IA sont encore loin d'atteindre ces performances. Un taux de réussite de 95 % peut paraître impressionnant, mais dans certains domaines, un taux d'erreur de 5 % est inacceptable.

Pour les applications que la commission européenne catégorise comme étant « à haut risque », un taux de réussite bien plus élevé est requis. Il peut toutefois être acceptable d'avoir des systèmes avec un taux de réussite de 90 % tant qu'il y a des humains dans la boucle pour prendre la décision finale.

Le risque d'un accident majeur causé par une mauvaise décision ou une mauvaise reconnaissance d'images n'est pas à négliger. Cela s'est déjà produit, et avec la diffusion élargie de l'IA, les risques augmentent. Si un système d'IA est défectueux et que ce système est reproduit en des centaines de milliers d'exemplaires, les conséquences peuvent être catastrophiques.

Il est donc vital de disposer de systèmes en lesquels nous pouvons avoir confiance, mais atteindre ce niveau de confiance s'avère être un défi monumental. La confiance est influencée par des éléments technologiques comme la robustesse et la précision, des facteurs d'interaction homme-machine tels que la transparence et l'explicabilité, ainsi que des éléments sociétaux comme l'absence de biais et l'équité.

De nombreuses initiatives, comme le programme « Confiance.ai » et les efforts de la Commission européenne pour une IA de confiance, œuvrent à améliorer cette confiance. Des symposiums sont organisés, des groupes de travail formés, et des discussions engagées à travers le globe pour aborder cette question cruciale.

Le mur de la confiance est robuste, et le risque d'impact est réel, surtout pour les systèmes à risque et les systèmes critiques. Nous nous employons tous, dans divers secteurs et domaines, à éroder ce mur, en quête de méthodes pour instaurer une confiance vérifiable dans l'IA.

Mur 2 : l'énergie

Conscients de l'importance de la question énergétique dans le contexte de l'IA, nous avons réservé une section à ce sujet, intitulée « L'empreinte cachée de l'IA », que vous trouverez un peu plus loin dans ce chapitre.

Mur 3 : la sécurité

Le troisième mur sur la route du progrès de l'IA est celui de la sécurité. En marchant sur la fine ligne entre l'innovation et la protection, l'IA soulève de nombreuses questions de sécurité, allant de la cybersécurité traditionnelle aux défis spécifiques posés par l'IA.

La sécurité dans le monde digital est un enjeu déjà bien connu, mais l'IA introduit des problématiques nouvelles et exacerbées. Les failles typiques, telles que le vol de données de modèles, sont une porte ouverte à des abus majeurs. Les données d'entrée, qui devraient rester confidentielles, peuvent être exfiltrées, exposant ainsi des informations sensibles.

Les exemples ne manquent pas, et l'audace des adversaires semble ne connaître aucune limite. La non-confidentialité des données, les attaques adverses et la propagation du *fake* sont autant de menaces qui planent sur l'intégrité des systèmes d'IA. Dans un monde où l'IA est de plus en plus présente, ces menaces ne sont pas à prendre à la légère.

Les attaques adverses sont particulièrement intrigantes et alarmantes. Par un simple ajout de bruit indétectable à l'œil humain sur une image, l'IA peut être menée à l'erreur, attribuant une classification erronée à l'image. L'exemple classique de l'image d'un animal qui, avec un léger bruit ajouté, est mal identifié par l'IA illustre bien l'ingéniosité des attaques et la fragilité des systèmes.

Les défis ne s'arrêtent pas là. Même les textes ne sont pas à l'abri, une légère altération pouvant en changer radicalement l'interprétation par l'IA, ouvrant la porte à des manipulations malveillantes. Et que dire des problèmes spécifiques aux grands modèles de langue et aux systèmes génératifs ? Ils sont tout aussi critiques.

Un autre exemple frappant est celui du détournement des systèmes de reconnaissance d'objets. Un simple autocollant peut transformer la lecture d'un panneau « stop » en une limite de vitesse, une erreur qui peut s'avérer fatale dans un contexte de conduite autonome.

Les journées scientifiques, les agences de cybersécurité et les initiatives de normalisation européenne sont des pas dans la bonne direction. Elles mettent en lumière les problèmes et cherchent des solutions pour une IA plus sûre. Cependant, le chemin est encore long et semé d'embûches. La sécurité des IA est un domaine d'une richesse et d'une complexité telles qu'il nécessite une attention et une expertise de tous les instants.

La sécurité est un mur robuste et intimidant, mais pas infranchissable. Avec une prise de conscience collective, une réglementation adéquate et une recherche approfondie, il est possible de construire des systèmes d'IA plus sûrs, et ainsi, de franchir ce mur vers un avenir où l'IA et la sécurité marcheront main dans la main.

Mur 4 : l'interaction humain-machine

En quelques mots, il s'agit de comprendre et maîtriser la communication entre l'humain et la machine pour assurer la sécurité et l'efficacité des systèmes d'IA, notamment dans les véhicules autonomes. Cette section explore l'optimisation des interfaces et interactions pour que les systèmes d'IA comprennent les intentions humaines et que les humains interprètent les actions des machines de manière intuitive et efficace. Retrouvez cette section complète dans les ressources complémentaires.

Mur 5 : l'inhumanité

L'ultime mur se dresse, incarnant l'inhumanité inhérente des systèmes d'IA, un fossé qui nous sépare encore de l'avènement d'une intelligence artificielle profondément enracinée dans l'humanité. Trois axes définissent ce mur : la causalité, le sens commun et le système 2, inspiré des travaux de Daniel Kahneman.

1. **La causalité** : jusqu'à récemment, les machines demeuraient aveugles à la causalité, se contentant de dessiner des corrélations sans pouvoir distinguer la cause de l'effet. Mais la causalité est au cœur de notre logique humaine. Le simple exemple de la pluie et du parapluie illustre ce point : nous comprenons instinctivement la relation causale entre la pluie et l'usage d'un parapluie, alors qu'une machine, sans guidance, pourrait être perdue dans une mer de corrélations. Cependant, les récents développements des grands modèles de langage ont commencé à esquisser une compréhension embryonnaire de la causalité, un pas prometteur vers la démolition de cette section du mur.
2. **Le sens commun** : le sens commun, notre capacité à comprendre et à naviguer dans le monde fondée sur des connaissances tacites, a longtemps échappé à l'emprise des machines. Les systèmes d'IA peuvent échouer de manière spectaculaire dans des situations qui nous paraissent triviales. Mais les grands modèles de langage, gavés de textes humains, semblent commencer à glaner des miettes de sens commun à travers les mots. Cependant, cette compréhension reste superficielle, loin de l'intuition profondément enracinée que nous possédons.
3. **Le système 2** : selon Kahneman, notre cognition opère sur deux vitesses : le système 1, rapide et intuitif, et le système 2, lent et analytique. Ces deux systèmes interagissent en continu, sculptant

notre compréhension et notre interaction avec le monde. La majorité des systèmes d'IA opèrent uniquement à une vitesse, sans la capacité de basculer entre une réaction rapide et une analyse profonde. L'incorporation d'une dynamique analogue à celle du système 2 dans l'IA reste un champ largement inexploré, mais essentiel pour franchir ce mur.

Ce mur de l'inhumanité, bien que moins impénétrable qu'auparavant grâce aux avancées des grands modèles de langage, reste un défi majeur. Il symbolise l'écart fondamental entre l'IA et nous, un rappel que l'IA, malgré son éclat, demeure une imitation pâle de la complexité et de la richesse de la cognition humaine.

Cependant, à chaque brèche que nous créons dans ce mur, nous nous rapprochons d'une IA qui non seulement imite, mais comprend et interagit avec le monde d'une manière plus humaine.

Grâce à Bertrand Braunschweig, nous discernons plus clairement les murs invisibles de l'IA. Continuons notre route au volant de notre Pfister, prêts à surmonter le prochain écueil, tout en restant attentifs pour éviter le sixième mur de l'intelligence humaine, apparemment solide mais qui, en réalité, montre des signes de fragilité.

L'EMPREINTE CACHÉE DE L'IA

Après avoir découvert, sans grande surprise, le sixième rapport du GIEC[2] qui confirme l'impact des humains (PFH) sur le climat avec une augmentation de 1,1 °C et une projection de + 1,5 °C d'ici à 2030, quoi de mieux qu'une série pour se changer les idées… ? *Extrapolations*, de Scott Z. Burns, a fini de saper mon moral, en dépeignant un futur entre 2037 et 2070 avec des méga-incendies, une pollution de l'air accablante, des canicules extrêmes, la fonte des glaces, des villes englouties et l'extinction massive d'espèces. Espérons que,

2. https://tinyurl.com/giecrapport6

contrairement à ce qui s'est passé avec le film *Contagion*[3] de Burns, ces scénarios resteront de la fiction.

Guidé par les conseils de Jean-Marc Jancovici, j'ai contacté Hugues Ferreboeuf, un autre membre de l'association The Shift Project qui œuvre en faveur d'une économie libérée de la contrainte carbone.

Le secteur du numérique est responsable de 3 à 4 % des émissions globales de gaz à effet de serre (GES). Malgré les progrès en matière d'efficacité énergétique, son empreinte carbone continue d'augmenter de 5 à 6 % par an. Hugues Ferreboeuf souligne que « cette hausse résulte principalement de l'accélération de l'adoption des usages numériques, surpassant les avancées en efficacité énergétique ». Il indique que l'empreinte carbone du numérique se répartit en trois catégories :

- Les équipements, représentant 65 % de l'émission de GES.
- Le traitement et le stockage des données dans les *datacenters*, responsables de 23 % de l'émission de GES.
- L'utilisation des réseaux et infrastructures pour la transmission des données, constituant 12 % de l'émission de GES.

L'effet rebond et la 5G

Concernant l'effet rebond lié à la 5G, bien que son efficacité énergétique soit meilleure que celle de la 4G lors d'un fonctionnement à charge maximale, l'accroissement massif des données échangées et la nécessité de renouveler les équipements contribuent à une augmentation de notre empreinte numérique. Ferreboeuf souligne : « Le volume de données consommées par un utilisateur passant à la 5G est multiplié par environ trois en seulement trois mois. »

3. *Contagion* (2011), un film réalisé par Scott Z. Burns, illustre avec une précision troublante une pandémie mondiale, anticipant des impacts sociaux et sanitaires analogues à ceux qu'a provoqués la Covid.

Datacenters, IA et cryptomonnaies : une consommation énergétique massive

Quand on pense IA, on pense logiciels en oubliant les *datacenters*. Le rapport de l'AIE[4] nous alerte : ces centres pourraient bientôt consommer autant d'énergie que le Japon, d'ici à 2026. Hugues Ferreboeuf ajoute que l'IA génère « des flux d'information supplémentaires, des flux de données qui vont doper le trafic sur les réseaux », faisant grimper encore notre empreinte carbone.

Selon un rapport de l'Arcep et de l'Arcom d'avril 2023[5], le trafic de données pourrait être six fois plus élevé en 2030 qu'aujourd'hui, avec une augmentation de près de 65 % du nombre d'appareils par rapport à 2020.

Suivant les IA, la consommation d'énergie est différente. Ainsi, générer un texte consomme moins qu'une image. Une étude de Hugging Face et de l'université de Carnegie Mellon[6] révèle que la génération d'une image équivaut à la consommation d'une charge de smartphone. Alors, quelle sera la consommation d'énergie pour générer une vidéo ? Et je vous laisse réfléchir à cette remarque de Luc Julia :

« Les IA consomment une quantité significative d'électricité et de ressources de calcul. Par exemple, si le nombre de requêtes sur ChatGPT était équivalent à celui de Google, nous n'aurions tout simplement pas assez d'énergie au niveau mondial pour répondre à cette demande. »

Nous reconnaissons avoir abordé superficiellement ce sujet, omettant d'explorer les impacts liés aux sources d'énergie, ainsi qu'aux exigences en minerais rares et en eau pour la fabrication des appareils.

Cerner avec précision l'empreinte environnementale de l'IA s'avère impossible, notamment en raison du manque de transparence des acteurs du secteur. Néanmoins, il est manifeste que son intégration omniprésente et invisible dans nos équipements accentue la pollution numérique.

4. https://tinyurl.com/etudeelec2024

5. https://tinyurl.com/refusagenum

6. https://arxiv.org/pdf/2311.16863.pdf

La technologie, en elle-même, n'est ni bonne ni mauvaise ; c'est l'usage que nous en faisons qui détermine son impact. Hugues Ferreboeuf insiste sur le fait que nous devrons faire des choix : « Avons-nous vraiment besoin d'appareils toujours plus connectés, tels que des réfrigérateurs intelligents ? ». Le volume des données stockées est passé de 1,2 zettaoctet par an en 2010 à 64 zettaoctets en 2020, et est prévu à 2 142 zettaoctets en 2035[7]. Avec le numérique, nous perdons toute notion de grandeur… 1 zettaoctet correspond à 1 000 000 000 000 000 000 000 d'octets !

Jean-Marc Jancovici avait lancé l'idée provocatrice de limiter le nombre de vols que l'on peut prendre dans une vie, ce qui a eu le mérite de provoquer un vif débat. Autrefois, nos déplacements professionnels en avion étaient fréquents, incluant des allers-retours dans la journée pour une réunion. Des programmes comme Flying Blue d'Air France, qui récompensent notre « faim » de carbone par des avantages et des miles, ne sont-ils pas une parfaite illustration de l'absurdité de nos pratiques ? Et si on imposait plutôt un passeport carbone individuel pour suivre notre empreinte ? Un tel dispositif, avec un système de malus pour financer la recherche, pourrait inciter à une prise de conscience. Tenter de changer les habitudes bien ancrées de certains est utopique. Dans ce cas, pourquoi ne pas viser là où cela fait vraiment réfléchir : le portefeuille ?!

L'AI ACT ET L'AVENIR DE L'INTELLIGENCE ARTIFICIELLE EN EUROPE

L'AI Act européen ambitionne de créer le premier cadre juridique global pour l'intelligence artificielle, promettant un impact majeur analogue à celui du RGPD pour la protection des données. Pour éclairer notre

7. https://tinyurl.com/megadonnees

compréhension, nous avons échangé avec Alexandra Bensamoun qui a participé aux discussions acharnées sur le sujet au niveau européen.

Une fois adopté, l'AI Act s'imposera directement dans les 27 États membres de l'Union européenne. Il adopte une démarche fondée sur l'évaluation des risques liés à l'usage de l'IA. L'objectif est double : protéger les citoyens européens tout en favorisant l'innovation technologique.

La pyramide des risques selon l'AI Act :

- **Niveau 4 : risques inacceptables.** Au sommet de la pyramide se trouvent les utilisations d'IA considérées comme inacceptables, incluant la surveillance de masse et les systèmes de notation sociale. Ces pratiques seront formellement interdites, tout comme les techniques visant à influencer subtilement l'inconscient ou à exploiter la vulnérabilité individuelle.
- **Niveau 3 : hauts risques.** Ce niveau cible les applications d'IA ayant un impact majeur sur des domaines sensibles, comme le recrutement et la santé, nécessitant une vérification rigoureuse avant utilisation. Les mesures clés pour ces technologies incluent le fait d'apposer le marquage CE sur les produits intégrant de l'IA pour attester de leur conformité aux normes de l'Union européenne, avec une déclaration de conformité.
- **Niveau 2 : risque modéré ; obligations de transparence spécifiques.** Les systèmes d'IA présentant un risque moindre, y compris certains *chatbots*, seront soumis à des obligations d'information et de transparence, garantissant que les utilisateurs soient conscients de leur interaction avec un système d'IA.
- **Niveau 1 : risque minimal ou absent.** Les technologies d'IA présentant un risque minimal, comme les jeux vidéo ou les filtres anti-spam, seront soumises aux réglementations existantes sans exigences supplémentaires, mais avec la recommandation de codes de conduite volontaires.

L'AI Act prévoit des sanctions dissuasives avec des amendes pouvant aller jusqu'à 35 millions d'euros ou 7 % du chiffre d'affaires annuel pour les risques jugés inacceptables.

Face à l'émergence des IA génératives, telles que ChatGPT, l'AI Act intègre des mesures spécifiques sur les droits d'auteur. Alexandra Bensamoun[8] rappelle l'existence d'une exception au droit d'auteur et aux droits voisins du droit d'auteur, prévue par la directive de 2019 : l'exception de fouille de textes et de données, facilitant l'exploitation des données pour l'entraînement des IA. Cette exception nécessite cependant un accès légitime aux sources et le respect du droit d'opposition (ou *opt out*) par les titulaires de droits. L'AI Act complète ce dispositif en imposant une plus grande transparence sur les sources utilisées, assurant la reconnaissance et, potentiellement, la rémunération pour les contributions intellectuelles.

Le règlement sur l'IA a été approuvé par le Parlement européen le 13 mars 2024. Pour faciliter l'adaptation des entreprises aux nouvelles règles, l'AI Act entrera pleinement en vigueur de manière progressive... deux ans après sa publication officielle. Certaines mesures spécifiques, notamment les interdictions immédiates et les réglementations sur l'IA à usage général, seront appliquées plus rapidement.

Avec son applicabilité extraterritoriale, l'AI Act imposera à toutes les entreprises internationales désirant opérer sur le marché européen de se conformer à ses normes.

LE DÉDALE DES DROITS D'AUTEUR

Effleurer la question des droits d'auteur en intelligence artificielle, c'est s'aventurer dans les méandres d'un labyrinthe dynamique sans la fonctionnalité GPS sur son smartphone.

Les modèles d'IA ont aspiré les données du Web, sans se soucier de savoir si elles appartenaient à des auteurs. Mais en France, la reproduction, l'utilisation ou l'adaptation d'une œuvre sans l'autorisation

8. Pour en savoir plus sur ce sujet, je vous recommande son article : https://tinyurl.com/transparencenum

de son détenteur de droits est interdite. Et comme si ce n'était pas assez compliqué, chaque pays a sa propre législation en la matière.

Aux États-Unis, Stability AI, Midjourney et DeviantArt sont confrontées à une action collective pour de telles infractions, et Getty Images a engagé des poursuites contre Stable Diffusion pour l'utilisation de sa banque d'images sans accord ni rémunération.

Comme Thésée ayant besoin d'un fil pour trouver la sortie du labyrinthe, nous nous sommes tournés vers Sydney Chiche-Attali, avocat spécialisé dans le domaine.

La propriété des droits sur les contenus exploités et obtenus avec l'IA

La propriété intellectuelle a été initialement conçue dans l'intérêt des créateurs, pour encourager la créativité et leur assurer des revenus. Il est donc intéressant d'examiner comment le droit de la propriété intellectuelle s'articule avec le développement de l'IA.

S'agissant des IA d'aide à la création, on peut distinguer plusieurs types de créations, notamment celles réalisées avec l'assistance d'un outil où l'IA est un intermédiaire dans le processus de création et celles réalisées de façon autonome ou quasi-autonome par l'IA.

Les professionnels du marketing font aujourd'hui appel à des outils d'IA génératives comme Midjourney, DALL-E, ou encore Stabble Diffusion, pour inspirer ou même créer des campagnes, des contenus, etc.

L'utilisation des données par ces outils fondés sur l'IA et la protection des créations assistées par IA impliquent ainsi de nouvelles problématiques juridiques.

D'abord, l'utilisation des données pour entraîner une IA pose de nombreuses questions juridiques, dès lors que les éventuels détenteurs des droits sur ces données n'ont souvent pas donné leurs autorisations pour l'entraînement des IA sur leurs données et que les résultats obtenus peuvent reprendre des éléments protégés par divers droits privatifs (droit d'auteur, données personnelles, droit à l'image, etc.).

Il convient notamment de se demander si les éléments utilisés à titre de données d'entraînement pour une IA font l'objet d'un acte d'exploitation entraînant l'application du droit d'auteur.

Dans un rapport récent, le Conseil supérieur de la propriété littéraire et artistique (CSPLA) relève que dans les cas où l'IA s'entraîne sur des œuvres existantes, elles sont déconstruites dans le but de créer un modèle qui repose sur les caractéristiques communes de toutes ces œuvres pour ensuite produire une nouvelle création[9]. Ainsi, une partie des auteurs considèrent que les nouvelles créations pourraient s'apparenter à des œuvres dérivées au sens du Code de la propriété intellectuelle (CPI), impliquant la nécessité d'obtenir l'autorisation des créateurs des œuvres initiales.

Cependant, il existe une exception à l'application du droit d'auteur en matière d'IA prévue par une directive européenne sur le droit d'auteur de 2019 pour la « fouille de données[10]» ou *data mining*. Cette activité correspond concrètement à l'extraction du savoir à partir de données par des méthodes automatiques ou semi-automatiques d'IA. Ces dispositions permettent ainsi l'utilisation d'œuvres originales sans autorisation du titulaire de droits dans ces cas précis sous certaines conditions. En effet, le *data mining* doit cependant répondre à plusieurs contraintes pour être mis en œuvre. Par exemple, un accès licite est requis, pouvant passer par la conclusion d'une licence avec les détenteurs des droits sur les données[11].

Il n'est donc pas acquis que l'exploitation de bases de données, telles que les bases LAION, pour entraîner des IA et ainsi permettre de générer de nouveaux contenus soit aujourd'hui légale au regard du

9. CSPLA, Rapport « Mission intelligence artificielle et culture », 27 janvier 2020.

10. Directive 2019/790/UE du Parlement européen et du Conseil sur le droit d'auteur et les droits voisins dans le marché unique numérique et modifiant les directives 96/9/CE et 2001/29/C.

11. Jean-Michel Bruguière, *Sortir de la science-fiction des « machines/auteurs », entrer dans la réalité du droit des données*, Communication – Commerce électronique, n° 6, juin 2020, Lexis Nexis.

cadre juridique européen. Cela s'avère problématique car cela expose les utilisateurs de ces IA à commettre des violations de droits sans forcément en avoir conscience.

S'agissant de la protection des contenus générés avec l'aide de l'IA, il faut rappeler que l'article L. 112-1 du CPI stipule : « Les dispositions du présent code protègent les droits des auteurs sur toutes les œuvres de l'esprit, quels qu'en soient le genre, la forme d'expression, le mérite ou la destination. » La jurisprudence considère que pour qu'une création soit considérée comme une œuvre de l'esprit, elle doit être formalisée et présenter un caractère original, c'est-à-dire porter l'empreinte de la personnalité d'un auteur humain[12].

En conséquence, ce principe du droit français semble rendre impossible toute protection d'une création réalisée par IA sans que l'intervention d'un auteur humain permette d'y déceler l'empreinte de sa personnalité. A contrario, l'auteur humain qui utilise une IA pour l'aider à créer pourrait *in fine* bénéficier de la protection du droit d'auteur s'il est possible de percevoir une empreinte de sa personnalité dans la création finale. Les juristes sont aujourd'hui majoritairement favorables à cette position en France.

À ce sujet, le CSPLA s'est prononcé sur les problématiques posées par les créations générées par l'IA dans son rapport, émettant trois hypothèses dans cette situation :

- L'attribution de la titularité des droits au concepteur de l'IA.
- L'attribution de la titularité des droits à son utilisateur.
- La création d'un régime propre inspiré du droit anglais[13].

Après étude des différentes situations, aucune de ces solutions n'a paru adaptée au CSPLA. Le rapport envisage donc d'autres moyens, comme la création d'un régime de droit d'auteur spécial adapté aux créations générées à l'aide d'une IA.

12. Voir par exemple : C. Cass., 10 novembre 2011, n° 10-19739, confirmé par la loi du 7 octobre 2016 pour une République numérique, qui a expressément prévu que le droit d'auteur ne peut être attribué à des créations réalisées par des moyens entièrement autonomes, tels que les intelligences artificielles.

13. CSPLA, Rapport « Mission intelligence artificielle et culture », 27 janvier 2020.

Le CSPLA considère que la solution la plus respectueuse du droit d'auteur serait d'attribuer des droits au concepteur de l'IA. Or, tant que la jurisprudence et les législateurs nationaux et européens ne se prononceront pas, il y aura des incertitudes sur le régime juridique de ces œuvres. La décision reste donc entre les mains du législateur et des juges qui n'ont, à ce jour, pas tranché cette question – en tout cas pas en France et en Europe, car les États-Unis semblent plus avancés. En effet, le 21 février 2023, le Bureau américain du droit d'auteur a partiellement refusé l'enregistrement d'une œuvre de bande dessinée en partie générée par le système d'IA Midjourney à ce titre[14]. Il en ressort que pour l'heure, aux États-Unis, l'utilisation d'une IA d'aide à la création comme Midjourney complique l'obtention de la protection du copyright[15].

La question se pose pour les marketeurs qui utilisent des IA pour conseiller des clients ou créer des campagnes publicitaires, des contenus ou tout autre support de communication qu'ils veulent protéger.

Les réformes en matière d'IA : l'AI Act

L'AI Act européen initie des changements majeurs dans l'univers de l'IA et du droit d'auteur :

1. Sur l'application du droit d'auteur aux œuvres utilisées par l'IA au cours de son entraînement : au titre de l'AI Act, les entreprises entraînant des IA génératives devront s'assurer du respect du droit d'auteur pour les œuvres utilisées notamment en vérifiant que les auteurs ne se sont pas opposés à cette utilisation.

Le texte final de l'AI Act impose la publication du résumé détaillé des données utilisées pour entraîner l'IA et sa transmission à un « tiers de confiance », par exemple le bureau européen de l'IA créé par l'AI Act.

14. US Copyright Office, Decision on the comic book *Zarya of the Dawn* by Kristina Kashtanova, 21 février 2023.

15. Cerys Wyn Davies et Gill Dennis, *Midjourney decision intensifies questions over definition of "human authorship"*, 10 mars 2023.

Cela a pour but de permettre aux auteurs ou aux ayants droit de faire valoir leurs droits auprès de ces sociétés.

2. Sur l'application du droit d'auteur aux œuvres générées avec l'aide d'une l'IA : l'AI Act impose une identification claire des contenus générés à l'aide d'IA pour les humains mais aussi par les machines, comme les algorithmes des moteurs de recherche pour le respect du droit d'auteur mais aussi pour éviter les *fake news*.

Le texte ne se prononce pas directement sur la question de la protection par le droit d'auteur de ces contenus générés avec IA car le cadre juridique actuel permet en réalité déjà de traiter cette question. En effet, il apparaît au regard du droit d'auteur français que les œuvres générées avec l'aide d'une IA peuvent être protégées dès lors qu'elles sont originales, c'est-à-dire lorsqu'elles portent l'empreinte de la personnalité de leur auteur.

La jurisprudence nous dira plus précisément les critères retenus par le juge pour relever cette empreinte de la personnalité mais cela peut être le choix des outils, des modèles, des bases de données, la rédaction des prompts, les itérations du créateur, les retouches effectuées, etc. La jurisprudence se prononcera sur les critères à prendre en compte en la matière dans les prochaines années.

En effet, malgré le vote de l'AI Act, le droit ne définit pas encore un cadre global et précis pour toutes les utilisations de l'IA. Pour l'heure, nous ne pouvons que tenter d'analyser les enjeux juridiques par l'IA au regard du cadre juridique existant qui, comme nous l'avons vu, présente encore des zones d'incertitude importantes. La situation devrait toutefois changer dans les prochains mois avec une accélération des travaux aux États-Unis, dans l'Union européenne, et plus largement à l'international.

Espérons que notre sortie du labyrinthe des droits d'auteur sera plus respectueuse de nos alliés que Thésée ne le fut à l'égard d'Ariane.

LES MUTATIONS DE L'EMPLOI FACE À L'INTELLIGENCE ARTIFICIELLE

Quand il s'agit de prédire l'impact de l'IA sur l'emploi, les estimations évoluent aussi rapidement que le nombre d'experts tentant de les prévoir. L'Organisation internationale du travail (OIT) alertait en 2023 sur le fait que l'automatisation et l'IA pourraient compromettre jusqu'à 24 % des emplois dans les pays en développement. Par ailleurs, Forrester affirmait que l'IA conduirait à la disparition de près de 2,4 millions d'emplois aux États-Unis d'ici à 2030. Cependant, des études indépendantes pensent que l'IA a le potentiel pour créer des postes. Face à autant d'opinions divergentes, que doit-on penser ? Devrais-je consulter ma boule de cristal ou faire appel à Ray Kurzweil[16], l'oracle de l'IA ? Faisons un saut dans le passé, à la manière de Diablo des X-Men…

L'ère industrielle a modifié le travail sans le réduire, transformant les emplois physiques en gestion de machines et de chaînes de production. Comme les X-Men, qui ont développé de nouvelles capacités *via* des mutations, les travailleurs ont dû s'adapter en acquérant de nouvelles compétences.

Références citées :

- Organisation internationale du travail, « L'impact de l'IA sur le marché du travail mondial », 2023.
- Forrester, « L'impact de l'IA sur l'emploi aux États-Unis », 2023.
- Étude indépendante, « L'impact potentiel de l'IA sur la création d'emplois », 2023.

16. Ray Kurzweil, personnalité controversée, célèbre pour ses prédictions sur la fusion de l'humain avec l'IA. Tandis que ses idées fascinent certains, elles provoquent également d'intenses débats.

Time to Work... with AI?

Notre perception était-elle juste ? Pour y répondre, nous avons sollicité l'avis de Samuel Durand, reconnu pour son documentaire *Time to Work*, qui explore la transformation du travail en entreprise. Il vient juste de terminer un nouveau documentaire sur l'impact de l'IA dans les entreprises.

Samuel évoque une analogie marquante entre l'introduction de ChatGPT dans le monde professionnel et celle de l'iPhone, soulignant une révolution initiée par la curiosité individuelle. Il note cependant que, pour le moment, l'intégration de cette technologie dans les entreprises se fait de manière « pirate », un terme qu'il utilise pour décrire une adoption informelle et expérimentale. Samuel anticipe une évolution rapide vers une utilisation plus structurée, encadrée par des politiques et une éthique, tout en pointant du doigt les préoccupations actuelles relatives à la sécurité des données.

Il observe une divergence notable dans l'accueil de ChatGPT entre la France et les États-Unis. En France, dit-il, « la plupart des entreprises avec qui j'ai travaillé ont commencé par dire non à ChatGPT », témoignant d'une certaine prudence. En contraste, aux États-Unis, « les entreprises se sont ruées dessus », reflétant une culture d'innovation plus audacieuse et ouverte.

Samuel souligne une « révolution liée au consommateur » plutôt qu'une avancée technologique pure, mettant en avant l'importance de l'expérience utilisateur dans l'adoption de l'IA. Il fait remarquer que, à la suite de l'adoption, l'usage de l'IA dans l'industrie est nettement plus avancé que dans le tertiaire, où elle est souvent employée pour des tâches secondaires. Cela illustre une application différente de l'IA selon les secteurs, avec une tendance marquée aux États-Unis à démocratiser son accès pour explorer des usages pertinents à divers métiers.

Pendant le tournage, Samuel a rencontré un large éventail de réactions, des sceptiques qu'il compare aux Astérix, résistant à l'idéologie de l'IA, aux « fanatiques » américains, qui voient en l'IA une solution universelle aux problèmes mondiaux. Cette diversité d'opinions révèle les complexités et les espoirs placés dans l'IA, ainsi que les défis éthiques qu'elle pose.

Samuel nous invite à une réflexion sur notre rapport à l'IA : « Face à une tâche donnée dans un monde où l'IA sera omniprésente, valorisons-nous uniquement le résultat final ? ».

Dans la continuité du reportage de Samuel Durand, découvrez les travaux[17] de Jean Condé et Yann Ferguson sur le projet LaborIA. Mené par l'Institut d'innovation Matrice sur cinq ans, ce projet décrypte l'impact de l'IA sur les entreprises.

Dix impacts sur les métiers du marketing et de la communication

L'IA n'est plus de la SF ; elle fait désormais partie de notre travail. Nos échanges avec Artus de Longuemar nous ont offert un nouvel angle, en me faisant réaliser que ce n'est pas l'IA elle-même qui transforme radicalement le travail. Ce dernier, par nature, évolue constamment en réaction à son environnement. Ces dernières années, le rythme de cette évolution s'est accéléré avec le télétravail et l'instabilité économique. Là où au début de ma carrière, les plans à long terme s'étendaient sur trois ans, nous avons progressivement glissé vers des plans annuels, puis des révisions semestrielles, et nous nous retrouvons aujourd'hui avec des projections au trimestre ! L'IA n'est pas la cause première des changements, mais elle y contribue en accélérant le rythme. Avant même ChatGPT, les entreprises réduisaient déjà leur voilure pour augmenter leur rentabilité. Il m'est arrivé de recevoir des directives comme : « Pour le prochain exercice, prévoir une réduction des FTE de 10 % afin d'accroître notre LC de 0,3 %[18] ». Aujourd'hui, l'IA sert de nouvel argument pour justifier la réduction des fameux FTE.

17. https://tinyurl.com/rapportia

18. Dans des groupes, le terme « collaborateur » est rarement utilisé ; on préfère parler de *Full Time Employment* (FTE, ou « emploi à temps plein »), considérés au même titre que les autres charges dans le compte de résultat. Ces entreprises internationalisées et verticalisées, qui fabriquent et distribuent leurs produits, ne se focalisent pas sur la marge brute mais plutôt sur la *Local Contribution*. Cette dernière exclut du calcul le coût d'achat des produits, car ceux-ci sont acquis auprès d'une filiale du groupe, avec un prix fixé par la maison mère. Par conséquent, les filiales de distribution apparaissent souvent déficitaires, ce qui les exempte de l'impôt sur les bénéfices et les dispense de verser une participation aux employés. Pendant ce temps, la maison mère, située dans des pays à faible taux d'imposition tels que la Suisse ou le Luxembourg, affiche des excédents significatifs. Nous venons de vous résumer l'un des leviers de l'optimisation fiscale.

Face à cette évolution rapide, il serait réducteur de se focaliser uniquement sur l'impact de l'IA sur les métiers, étant donné que les réalités varient considérablement d'un secteur et d'une entreprise à l'autre. Il est plus judicieux de se concentrer sur les tâches spécifiques qui constituent ces métiers.

10. Tâches quotidiennes/administratives
Impact : moyen à fort

Les tâches administratives telles que la gestion d'e-mails, la production de rapports et les tâches bureautiques sont révolutionnées par l'IA, augmentant notre efficacité personnelle et libérant du temps précieux pour des activités à plus haute valeur ajoutée.

9. Stratégie et planification marketing
Impact : fort

ChatGPT devient un outil stratégique indispensable, offrant *insights* et analyses pour affiner nos stratégies marketing et agissant comme un partenaire vigilant dans la planification.

8. Innovation/idée/*brainstorming*
Impact : moyen à fort

L'IA agit comme un catalyseur de créativité, facilitant le *brainstorming* et la résolution de problèmes complexes avec des idées novatrices.

7. Polyglotte – abattre les barrières linguistiques
Impact : très fort

En brisant les barrières de la langue, l'IA favorise la mondialisation, nous permettant de communiquer et de vendre partout dans le monde. Le métier de traducteur pourrait être fortement impacté.

6. Service client et engagement
Impact : fort

Les *chatbots* et assistants virtuels, enrichis par l'IA, transforment notre interaction avec les clients, tant externes qu'internes, en fournissant des réponses instantanées et personnalisées, permettant ainsi de se concentrer sur des échanges de plus grande valeur.

5. Veille concurrentielle et surveillance du marché
Impact : fort

Tel un gardien, l'IA scrute le marché et la concurrence, nous permettant de réagir avec agilité et précision dans un environnement en évolution.

4. Optimisation du parcours client
Impact : fort

Avec une précision chirurgicale, l'IA analyse et optimise le parcours client, réduisant les frictions et offrant une expérience fluide et personnalisée.

3. Production de contenus
Impact : moyen à fort

Notre « calculette des mots », l'IA, transforme la production de contenu, permettant la génération d'articles, d'images et même de vidéos, tout en archivant ces créations dans une bibliothèque pour une utilisation future.

2. Création de visuels et design graphique
Impact : moyen à fort

L'IA brise le plafond de verre créatif, rendant la conception visuelle accessible à tous et promettant des avancées majeures, notamment dans la génération de vidéos, ouvrant ainsi de nouvelles avenues pour nos idées.

1. Traitement, analyse et exploitation des données Impact : fort

L'IA excelle dans l'analyse de données, offrant une compréhension approfondie et révélant des *insights* précieux, tout en prédisant les tendances futures.

L'intelligence artificielle peut remplacer l'humain dans l'exécution de tâches basiques ou peu qualifiées, et même aider à augmenter nos compétences. Cependant, elle ne parviendra jamais à égaler les « Top Gun », ces 10 à 20 % de professionnels les plus compétents dans leur domaine, qui font la différence et gagnent les matchs. Prenons l'exemple des agences de communication : les petites agences ultra-polyvalentes, comparables à des couteaux suisses, pourraient à terme rencontrer des difficultés face à la concurrence des IA. En revanche, les agences hautement spécialisées ou les grandes agences resteront incontournables, car elles offrent une valeur ajoutée que l'IA seule ne peut reproduire.

Le travail sous le prisme du paradoxe de Moravec

Marcher et parler tout en suivant un sentier rocailleux nous paraissent simples, mais jouer aux échecs[19] ou résoudre le théorème de Fermat sont pour nous des défis bien plus grands. Pour un robot, la situation est inversée : ce que nous trouvons facile, il le trouve difficile, et vice versa. C'est ce que l'on appelle le paradoxe de Moravec.

Dans l'industrie, les robots atteignent une grande précision dans l'exécution de tâches répétitives. Un exemple marquant est celui d'un fabricant de produits surgelés, qui prépare une brioche dont la spécificité tient à un « coup de ciseau » précis dans la pâte, d'une précision

19. En 1997, Deep Blue d'IBM bat Garry Kasparov aux échecs, un événement qui marque un tournant dans l'histoire de l'IA. Inspiré par cette défaite, Kasparov a développé la stratégie « centaure », exploitant la synergie entre l'intelligence humaine et l'intelligence artificielle. Les compétitions de *Freestyle Chess* qui en découlent montrent que ces joueurs-cyborgs, combinant conseils algorithmiques et intuition humaine, surpassent souvent les machines seules.

chirurgicale. Ce geste, jadis réservé aux artisans, est aujourd'hui exécuté par un robot.

Alors que la robotique[20] fait des avancées significatives dans des domaines autrefois considérés comme trop complexes pour elle, nous, les humains, commençons à lui déléguer des tâches relevant de notre intellect. Cette tendance nous amène à nous questionner sur le partage du travail entre l'homme et la machine.

Le paradoxe de Moravec et les réflexions de Luc de Brabandere offraient autrefois une certaine assurance :

« Prenez l'intelligence humaine et ôtez-lui la capacité de discerner le bien du mal, le sens de l'humour, le doute, l'intuition, la conscience de ses actes, l'intention, les oublis, les émotions, le souci esthétique, la volonté, la joie de découvrir et la tristesse de l'échec, la capacité d'écoute, la faculté de lâcher prise, de surmonter les paradoxes ou de trouver des analogies inédites. Si vous retirez tout cela à l'intelligence humaine, il ne reste pas grand-chose. Et c'est pour ce "pas grand-chose" que l'IA trouve son utilité. »

Pourtant, en considérant les qualités aujourd'hui recherchées et valorisées par les entreprises, nous sommes envahis par un profond doute… « Je doute, donc je suis encore… humain ! »

Et qu'en pense Luc Julia ?

« Il est crucial de distinguer entre l'emploi et le métier. Dire qu'un métier disparaîtra n'est pas exact. L'histoire de l'humanité montre que très peu de métiers ont totalement disparu. Ce qui évolue, ce sont les tâches au sein de ces métiers. L'IA, ou plutôt l'intelligence augmentée comme je préfère la nommer, va remplacer certaines de ces tâches, mais en ajoutera aussi de nouvelles. Prenons l'exemple de la comptabilité : le métier a évolué, certaines tâches ont été automatisées, mais d'autres ont été ajoutées.

La véritable question n'est pas la disparition de l'emploi, mais plutôt la capacité des individus à s'adapter aux changements induits par

20. Article du Toyota Research Institute du 19 septembre 2023, https://tinyurl.com/enseignementrobot

ces nouveaux outils. Car un nouvel outil nécessite une nouvelle compétence : la maîtrise de cet outil. Il s'agit là d'une nouvelle tâche à accomplir au sein du métier.

Dans l'ensemble, ces outils d'intelligence augmentée ont tendance à élever le niveau de compétence dans les métiers. Ceux qui étaient moins compétents deviennent meilleurs, et ceux qui étaient déjà compétents s'améliorent encore. Mais si on refuse d'utiliser ces outils, on risque de devenir obsolète.

Il y a donc un besoin impérieux de formation, d'éducation pour permettre aux gens de s'adapter et d'utiliser ces outils de manière efficace. Il se pourrait aussi que la productivité accrue réduise le nombre de personnes nécessaires pour effectuer certaines tâches, mais cela dépend des spécificités du métier en question. Ce qui est clair, c'est que les tâches accomplies grâce à ces outils seront généralement de meilleure qualité, et pas nécessairement effectuées plus rapidement. Nous assistons en effet à une amélioration de la qualité du travail accompli par ces métiers, grâce à l'intelligence augmentée. Ce n'est pas forcément une question de rapidité ou de volume, mais bien de qualité. »

Dans le marketing, s'adapter aux évolutions technologiques représente l'alpha et l'oméga de notre profession, comme le souligne Nicolas Babin :

« Ceux qui ne se transforment pas sont voués à disparaître. Prenons l'exemple du dodo, cet oiseau de l'île Maurice qui n'a pas su s'adapter. Incapable de voler, il est devenu une proie facile pour les colons hollandais et a fini par s'éteindre. »

Il met en lumière également notre marche sur une trajectoire irréversible, initiée avec l'invention de la machine à vapeur, traversant les révolutions industrielles centrées sur la vapeur, l'électricité, l'informatique, et notre ère actuelle, la robotique :

« Abandonner une technologie pour revenir à la précédente serait non seulement régressif, mais même absurde. »

Dans ce scénario de moins en moins hollywoodien, le risque n'est pas que l'IA nous prenne nos emplois, mais d'être remplacés par ceux qui l'utilisent... pour le moment.

QUAND LE FOBO DEVIENT UNE RÉALITÉ PSYCHOLOGIQUE

Le FOBO (*Fear Of Being Obsolete* – la peur de devenir obsolète) est une angoisse de ne plus être à la hauteur, de passer à côté d'une avancée majeure. Je l'ai ressentie face à des innovations en marketing, à des bonds technologiques ou à l'émergence de nouvelles tendances sociétales. Je l'ai vécue lors de l'avènement des réseaux sociaux, me trouvant incapable de m'emparer de ces nouvelles « stars » générationnelles. Ma réticence à m'exposer et le désir de garder un contrôle sur mon identité m'ont poussé à déléguer ces domaines. C'est comparable à un logiciel qui manque quelques mises à jour et qui se retrouve obsolète. Selon une étude de Gallup d'août 2023[21], 22 % des travailleurs américains expriment leur inquiétude face à la possibilité que la technologie rende leurs compétences obsolètes, avec une augmentation de sept points en deux ans.

Les origines du FOBO

Les travailleurs, confrontés à des technologies qui évoluent à une vitesse vertigineuse, se sentent souvent dépassés. Cette inquiétude est particulièrement prononcée chez les jeunes travailleurs, 30 % d'entre eux exprimant des craintes liées à l'obsolescence technologique. Ce résultat m'a surpris, car cette génération a été bercée par la tech. Sont-ils simplement plus conscients de la situation, ou leur doute

21. https://tinyurl.com/gallupfobo

est-il accentué par d'autres biais, comme la pandémie de Covid ou l'instabilité en début de carrière ?

Les conséquences

Cette peur peut avoir des répercussions graves, allant de la baisse de la productivité à des problèmes de santé mentale, ou également créer un cercle vicieux : la peur de devenir obsolète rend les travailleurs réticents à adopter de nouvelles technologies, ce qui les rend obsolètes. Le FOBO et le *burn-out* peuvent être considérés comme deux facettes d'une même médaille, se nourrissant mutuellement.

Comment le combattre ?

La clé pour surmonter le FOBO réside encore et toujours dans l'éducation et la formation. L'âge peut également être un facteur aggravant, surtout si les travailleurs plus âgés se sentent dépassés par les changements. Le risque est d'arriver à un point de rupture où le collaborateur refuse de voir l'évolution comme une option possible et se ferme complètement.

Le FOBO est une réalité psychologique qui mérite une attention sérieuse, sans être perçu comme une fatalité.

J'ai constaté que travailler avec ChatGPT est particulièrement épuisant. Mon cerveau, n'étant pas ou plus habitué à ce type de sollicitation soutenue, se trouve confronté à un rythme inédit. Une heure d'interaction ininterrompue avec ChatGPT équivaut, en termes de charge cognitive, à plusieurs heures au bureau. Cette intensité est comparable au jeu du jokari, où la balle revient sans cesse, chaque coup de raquette reflétant notre force ou notre maladresse et nous obligeant à une adaptation continue. Contrairement à nous, l'IA ne se fatigue jamais.

Cette expérience souligne l'importance d'être conscients du FOBO, de nous former et d'accepter nos limites. En restant attentifs à notre santé mentale et en gérant judicieusement notre temps et notre énergie.

Dans le passé, face à l'arrivée de nouvelles technologies comme l'informatique, nous étions démunis, sans outils adéquats pour évaluer leur impact psychologique. Aujourd'hui, nous les avons. Il est probable que nous ne connaissons pas encore l'impact de ces technologies sur notre cerveau et que nous le découvrirons prochainement.

CONSTRUIRE UNE IA ÉTHIQUE : UN IMPÉRATIF MORAL

D'après Luc Julia :

« Ce n'est pas parce que quelque chose est techniquement faisable que cela est éthiquement souhaitable. Nous avons tendance à succomber à la tentation du "tout-automatique", en oubliant les nombreuses nuances que la réalité impose. L'IA, dans ce sens, est plus un outil de science rigoureuse qu'un artefact de science-fiction. »

Face à l'ampleur du sujet et à la complexité des questions qu'il soulève, démêlons-le à travers plusieurs prismes :

TÉMOIGNAGE

Jean-Gabriel Ganascia

LE PRISME POLITIQUE ET PRÉSENT DE L'IA

Souvent, on a tendance à croire que le principal problème éthique est le risque que les machines prennent le pouvoir. Je soutiens que ce n'est pas le cas. Le véritable enjeu éthique est politique. L'éthique, dans son essence, est liée au temps présent. Il s'agit de ne pas se focaliser uniquement sur les dangers passés ou sur des dangers totalement imaginaires, mais d'être attentif à ce qui se passe maintenant, car la technologie évolue et diffère de tout ce que nous avons connu auparavant.

Prenons l'exemple des réseaux sociaux. Au début, ils semblaient être une innovation positive puisqu'ils mettaient en contact des personnes ; or, nous avons progressivement réalisé leur potentiel dévastateur, notamment sur le plan politique, avec une diffusion de l'information totalement dérégulée, et une fragmentation de la société. Ce genre de conséquences était imprévisible.

TÉMOIGNAGE

Linda Grasso

LE PRISME DES DONNÉES ET DE LA RESPONSABILITÉ

Jamais auparavant la question de la confidentialité n'a été aussi prépondérante et débattue qu'à notre époque numérique. La cause sous-jacente ? La croissance exponentielle des données générées en ligne. Pourtant, toutes ces données n'existent pas uniquement pour faciliter nos tâches numériques ; une partie significative sert à personnaliser nos expériences, enrichissant ainsi notre voyage numérique. Creusons un peu plus profondément.

Pour commercialiser efficacement un produit ou un service, comprendre notre public cible est primordial. Par le passé, l'analyse des habitudes de consommation en magasin suffisait. Cependant, avec l'arrivée des technologies alimentées par l'IA, il est possible de recueillir des informations sur l'ensemble du parcours d'achat d'un consommateur, depuis les habitudes de navigation sur les sites de commerce jusqu'aux applications de paiement.

Alors, comment ces données sont-elles collectées ? Tout commence lorsque nous donnons notre consentement, souvent à notre insu, en acceptant les notifications par bannière sur les sites web. Ces autorisations, cachées en petits caractères, donnent la permission de suivre nos comportements en ligne. Poussés par l'impatience ou l'indifférence, beaucoup d'entre nous accordent involontairement l'accès à leurs données sans en comprendre les implications, chaque clic ultérieur étant enregistré.

La question de savoir si cette pratique est éthique va au-delà des outils. La responsabilité incombe principalement aux entreprises de maintenir une totale transparence dans l'acquisition et la gestion des données. Parallèlement, nous, en tant qu'utilisateurs, devons être plus prudents et vigilants.

Des organismes de réglementation tels que la Commission européenne et la Federal Trade Commission sont aux prises avec l'élaboration de politiques strictes pour protéger les individus contre l'utilisation abusive potentielle des données personnelles. Le projecteur, cependant, est braqué sur les entreprises et les développeurs, et non sur l'IA elle-même.

TÉMOIGNAGE

Angélique Gérard

LE PRISME DU NUMÉRIQUE RESPECTUEUX DE L'HUMAIN

Les compétences humaines, engrais d'un avenir profitable

C'est prouvé, notamment par les remarquables études menées sur le terrain par l'explorateur Christian Clot du Human Adaptation Institute, le monde de demain sera marqué par le changement constant.

Avec l'incertitude pour norme, nous avançons à tâtons vers un avenir qui nous fascine autant qu'il nous intrigue. On l'a lu, « 80 % des métiers qu'exerceront nos enfants n'existent pas encore ! ». Du fait des bonds technologiques, des changements sociétaux et des bouleversements économiques qui caractérisent notre environnement actuel – sans compter les catastrophes climatiques qui se multiplient et leurs conséquences –, l'automatisation et l'IA transforment de nombreuses industries : les rôles professionnels sont redéfinis et les emplois sont majoritairement remplacés par des activités axées sur la gestion des technologies de l'information, la maintenance des systèmes automatisés et la création de solutions nouvelles.

L'évolution des préférences et des besoins des consommateurs façonne également les courbes des métiers de demain. Des secteurs tels que la santé, les loisirs, la mobilité et l'environnement s'adaptent continuellement aux attentes de la société. Les emplois concernés adoptent ainsi de manière automatique une posture innovante pour rester pertinents.

Enfin, l'urgence climatique et les tensions sociales grandissantes engendrent de nouvelles sphères d'emploi liées à la durabilité, aux énergies renouvelables, à la gestion des déchets, à la préservation de la biodiversité, à l'économie sociale et solidaire. Les professionnels qui contribuent à résoudre ces problématiques auront un rôle majeur à jouer dans l'économie de demain.

Les emplois ne sont donc pas tous voués à disparaître, mais plutôt à évoluer et se transformer. En parallèle, de nouveaux métiers émergeront inévitablement, en réponse aux défis et aux opportunités créés par les tendances.

Dans ce contexte, le succès de l'opération « vivre-ensemble » passera par la compréhension de notre valeur humaine, impossible à recréer en IA. Nous serons ainsi mieux préparés à relever les défis, à saisir les opportunités et à être épanouis dans une sphère professionnelle en évolution permanente.

La réussite rime alors avec l'accès à certaine mentalité :

- Adaptabilité, flexibilité, résilience et anticipation ; ajustements sans lesquels notre espèce n'aurait pu survivre aux changements les plus intenses.
- Capacité d'apprentissage continu.
- Réinvention professionnelle permanente.
- Capacité à identifier et à saisir les opportunités.
- Capacité à se projeter dans des solutions créatives et innovantes, véritable avantage concurrentiel.
- Compétence numérique et culture des données, nécessaires pour la prise de décision, l'automatisation et l'innovation.
- Ouverture d'esprit, pensée critique et résolution de problèmes.
- Intelligence émotionnelle, clé d'un environnement de travail sain.
- Communication non violente et collaboration : cultiver notre humanité, nos singularités et nous connecter aux autres dans une démarche d'intelligence collective constituent d'ores et déjà des axes essentiels pour faire équipe avec l'IA, afin qu'elle révèle tout son potentiel tout en préservant le nôtre.

La robotisation intégrée dans un environnement juste

Puisque la technologie est devenue notre troisième bras, l'utiliser à bon escient est devenu vital afin de préserver notre environnement au sens large et de disposer d'une représentation réelle de notre monde dans son pendant virtuel.

À mon sens, l'une des dérives les plus préjudiciables de la technologie, outre le problème grave de la fracture numérique qui limite tristement l'égalité des opportunités, est le manque flagrant de femmes dans le secteur. Cette disparité de genre, qui pénalise l'ensemble de notre société, perdure depuis des décennies, et alimente un cercle vicieux de biais sociétaux qui se reflètent dangereusement dans les algorithmes de nos vies numériques.

TÉMOIGNAGE

Raja Chatila

LE PRISME DE LA RÉGULATION

En mars 2023, Raja Chatila s'est distingué comme le seul chercheur français à signer une lettre ouverte appelant à un arrêt immédiat du développement d'IA pour au moins six mois[22]. Son approche réfléchie et nuancée se démarque des clivages alarmistes et utopiques habituels.

Réflexion éthique

Chatila encourage à voir l'IA comme une page blanche, sans morale ou conscience, influencée par nos préjugés et intentions. Il souligne les opportunités et les limites de l'IA, sans céder à l'alarmisme. Il déclare :

« J'ai signé la lettre du Future of Life Institute parce qu'elle abordait des questions essentielles sur les dangers de l'utilisation d'une technologie immature, tout en rejetant l'idée que l'IA représente un risque existentiel semblable à celui du nucléaire ou des pandémies », faisant référence à une autre lettre, celle sur la Déclaration des risques liés à l'IA[23], qu'il a refusé de signer avec le « pompier pyromane » Sam Altman.

Chatila souligne que les erreurs humaines peuvent être exacerbées à travers l'utilisation généralisée d'algorithmes partagés, en pointant la « stupidité » de l'IA qui ne fait qu'exécuter des tâches précises. Il met en avant les risques d'erreurs dans des secteurs critiques comme la santé, dus à de mauvaises interprétations des données. Il illustre l'importance de distinguer entre corrélation et causalité en prenant l'exemple de la corrélation entre la consommation de chocolat et les lauréats du prix Nobel[24], illustrant que, sans comprendre le monde réel, l'IA peut générer des recommandations parfois infondées ou dangereuses.

Chatila avertit aussi des risques des systèmes d'IA générative comme ChatGPT, capables de produire des réponses fausses mais convaincantes, ce qui peut nuire à notre accord sur la vérité et à la cohésion sociale.

Il conclut : « La véritable intelligence réside dans notre capacité à penser, contextualiser et exercer un jugement éthique. »

22. « Stoppons les expérimentations sur les IA : une lettre ouverte », https://tinyurl.com/stopia

23. Publiée le 30 mai 2023 par le Center for AI Safety et signée par plus de 350 dirigeants, chercheurs et ingénieurs du monde de la tech, https://tinyurl.com/lettreia

24. Pendant mes études en statistiques, l'un des tout premiers enseignements marquants était de se méfier des corrélations trompeuses. Un exemple amusant que j'aime partager est celui illustré par la vidéo d'Albert le chat, démontrant la corrélation entre la consommation de chocolat et les prix Nobel, https://tinyurl.com/nobelchoco

TÉMOIGNAGE

Mathilde Saliou

LE PRISME DES BULLES D'INFORMATION ET LA NEUTRALITÉ DES ALGORITHMES

L'interrogation de Mathieu Viviani dans *Les Échos* le 7 mars 2023, « Pourquoi de nombreux algorithmes sont-ils sexistes ? », a éveillé un doute sur la neutralité des algorithmes. Posons la question à Mathilde Saliou : « Comment le numérique aggrave-t-il les inégalités ? ».

Les bulles d'information

Mathilde Saliou expose subtilement le rôle des bulles d'information : « Chaque interaction indique à ces systèmes ce qui nous captive, ce qui nous retient en ligne. Ce modèle économique, axé sur la publicité, vise à nous garder connectés le plus longtemps possible, nous poussant vers une "bulle de filtre". » Cette mécanique insidieuse nous confine dans des échos de nos propres voix, réduisant notre exposition à la diversité des pensées. Ces bulles comportent des risques significatifs, ainsi un simple intérêt peut déclencher une spirale : « Un intérêt initial pour une théorie du complot sur YouTube, par exemple, peut rapidement nous entraîner dans un tourbillon de contenu similaire. » Elle critique aussi l'exploitation de nos émotions par les réseaux sociaux, où « l'objectif est de nous retenir en ligne le plus longtemps possible », nous enfermant dans une consommation passive.

Cet excès de confort peut même engendrer de la complaisance : « C'est dans les moments d'inconfort que l'innovation, la créativité et la découverte émergent. »

La neutralité des algorithmes remise en question

Les algorithmes, bien que présentés comme neutres, reflètent souvent les biais de ceux qui les créent. Cela est particulièrement visible dans des cas comme celui de l'algorithme de recrutement d'Amazon, lancé en 2014 et abandonné en 2018 : formée sur les données historiques de recrutement d'Amazon, qui privilégiait les profils masculins, la machine a fini par discriminer automatiquement les candidates.

Cela montre le danger des biais inconscients et la façon dont ils peuvent être amplifiés par la technologie. Les hommes, souvent issus d'écoles de code ou d'ingénierie, sont surreprésentés parmi les développeurs, créant une homogénéité sociale qui mène à des oublis et des angles morts. Dans le cas de la reconnaissance faciale, on a aussi constaté un manque de diversité dans les données d'entraînement, aboutissant à une reconnaissance moins efficace des visages de femmes.

Pour remédier à cette discrimination algorithmique, il est crucial d'introduire plus de diversité parmi les personnes qui conçoivent ces technologies. Cela va au-delà de l'encouragement des femmes à se lancer dans les carrières technologiques ; il s'agit aussi de s'assurer que les équipes de développement reflètent une plus grande diversité de perspectives et d'expériences.

Plus nous permettons que les inégalités soient codifiées et intégrées dans nos systèmes algorithmiques, plus il deviendra difficile de les rectifier par la suite.

Le prisme du marketing

En tant que marketeur vous avez certainement marché sur la ligne entre l'incitation et la manipulation, une frontière fine, presque éthérée. Le concept de *nudge* ou « coup de pouce » incarne cet équilibre délicat, en orientant subtilement les choix des consommateurs. Avec l'essor de l'IA, cette pratique se voit amplifiée, offrant une personnalisation avancée des messages qui, parfois, s'accompagne d'omissions ou de manipulations d'informations.

Les dérives observées incluent les suivantes, mais ne s'y limitent pas :

- Pratiques tarifaires et promotions trompeuses :
  - **Tarifications dynamiques et promotions trompeuses** : tarifications ajustées selon le profil de l'utilisateur, souvent manquant de transparence, et utilisation de promotions sur des prix gonflés artificiellement, induisant les consommateurs en erreur.
  - **Dissimulation des coûts additionnels** : frais supplémentaires cachés, comme les frais de livraison ou les taxes, révélés seulement à la fin du processus d'achat.

- Manipulations et tromperies :
  - **Création d'avis et de notations fictifs** : faux témoignages et évaluations utilisés pour influencer indûment les décisions des consommateurs.
  - **Utilisation de faux influenceurs et *astroturfing*** : création de personnages fictifs et mise en scène de faux soutiens organiques pour promouvoir des produits.
  - ***Clickbaiting* et *bait-and-switch*** : emploi de titres aguicheurs sans contenu substantiel et offres alléchantes qui se révèlent trompeuses.
- Violations de la vie privée et éthique :
  - **Publicité ciblée intrusive et usage abusif de données utilisateurs** : techniques invasives de collecte de données et utilisation de ces dernières sans consentement explicite des utilisateurs.
  - ***Dark patterns*** : stratégies de conception et de marketing conçues pour manipuler les utilisateurs et les pousser à prendre des décisions contre leur intérêt.
- Pratiques douteuses de durabilité et d'éthique produit :
  - **Obsolescence programmée** : conception intentionnellement défectueuse des produits pour limiter leur durée de vie, incitant à un renouvellement fréquent.
  - **Fausse rareté** : création artificielle d'une impression de pénurie pour accélérer les achats.

Dans ce nouveau western numérique où l'IA prédomine, les tentations abondent, souvent poussées par l'appât du gain facile. Ces agissements ternissent l'image de notre profession et érodent progressivement la confiance des consommateurs.

Face à ces enjeux, que faire, quelle direction prendre ? Réglementer est nécessaire pour définir des limites, bien que contourner les règles soit devenu un jeu d'enfant avec la technologie actuelle. La reconnaissance de ces pratiques douteuses et notre volonté de les dénoncer constituent le point de départ du changement. En tant que professionnels, notre silence ou notre encouragement, même tacite, de ces pratiques, contribuent à leur perpétuation. Le temps est venu de nous demander où nous désirons aller. Plus nous avançons, et plus les algorithmes étendent leurs toiles en imposant, silencieusement mais sûrement, un nouvel ordre dicté par la forte injonction d'être toujours plus rapide, efficace, standardisé et avec toujours moins d'effort.

Est-on bien sûr de vouloir vivre dans un monde où l'algorithme et l'IA sont rois[25] et nous enfermant peu à peu dans des « techno-cocons[26] » ?

L'ESSENTIEL

- **La confiance dans l'IA exige une fiabilité absolue, en particulier dans les applications à haut risque où des erreurs mineures peuvent entraîner des conséquences désastreuses.**
- **La sécurité de l'IA est mise à l'épreuve par des cyberattaques sophistiquées et la nécessité de protéger les données sensibles.**
- **L'inhumanité de l'IA, marquée par son incapacité à comprendre la causalité et le sens commun, limite son intégration efficace dans des contextes qui requièrent un jugement nuancé.**
- **L'impact environnemental croissant de l'IA exige des décisions réfléchies sur l'utilisation de ces technologies pour minimiser son empreinte carbone.**
- **L'AI Act européen est un premier pas pour encadrer l'usage de l'IA établissant des normes pour ses applications afin de sécuriser les données en Europe.**
- **L'évolution des droits d'auteur face à l'IA présente des défis complexes, où les IA générant des contenus et images suscitent des questions sur le respect de ces droits.**

25. Titre de l'article de Laurent Sagalovitsch, https://tinyurl.com/roi-ia

26. Terme inventé par Alain Damasio pour décrire des environnements technologiques excessivement confortables et isolants qui réduisent les interactions authentiques et limitent l'exposition à la diversité, créant ainsi une bulle sécurisante mais déconnectée de la réalité complexe.

- **L'IA ne fait pas forcément disparaître les emplois mais en transforme les tâches, entraînant une nécessité d'adaptation constante des compétences.**
- **Le FOBO, ou la peur de devenir obsolète, peut avoir des conséquences graves sur la santé psychologique, nécessitant une vigilance pour maintenir un équilibre entre l'adoption de nouvelles technologies et la gestion de leur impact.**
- **L'éthique requiert une transparence et une gestion des données responsables. Les compétences humaines irremplaçables nécessitent une régulation pour éviter des conséquences imprévues. En outre, il est crucial de surveiller la neutralité des algorithmes et de contrôler les bulles d'information pour assurer une diversité de perspectives.**
- **L'IA accélère l'adoption de pratiques marketing éthiquement discutables, notamment par la manipulation subtile des consommateurs et l'utilisation inappropriée des données.**

Conclusion

L'intégration de l'iA[1] marque une transformation tellement profonde qu'un retour en arrière semble désormais impensable. Cette prise de conscience m'a poussé à prendre du recul pour mieux appréhender ce défi colossal. À cet égard, j'ai été inspiré par le conte traditionnel hindou[2] des six aveugles et de l'éléphant, qui sert ici de métaphore à l'iA. Vous vous en souvenez ? Nous l'avons évoqué au début du livre. Chaque aveugle, touchant une partie différente de l'animal, en tire une conclusion différente sur sa nature, illustrant ainsi les multiples facettes et interprétations possibles de l'iA. De même, selon qu'il est marketeur, scientifique, informaticien, philosophe, artiste ou enseignant, chacun perçoit une facette différente de cette entité à la fois complexe et évolutive. L'iA est-elle un outil capable d'imiter une partie de l'intelligence humaine ? une machine de traitement du langage naturel apte à générer du texte, des images, des sons et des vidéos ? un réseau de neurones capable d'analyser de grandes quantités de données ? un super assistant qui augmente nos capacités ? ou encore une menace sournoise susceptible de nous remplacer ? La vérité est que l'iA incarne tous ces éléments à la fois, et bien plus encore, comme vous venez de le lire.

Les débats passionnés entre partisans représentés par Iron Man avec sa foi dans la technologie, détracteurs de l'iA symbolisés par Astérix résistant à l'invasion romaine comme métaphore de la résistance au progrès technologique, et modérés incarnés par le centaure, mi-homme mi-bête (ici, mi-machine), révèlent la nécessité d'une compréhension holistique. La perspective unique est limitée, voire trompeuse. L'iA, dans son essence, est un miroir de nos contradictions, de nos espoirs, de nos craintes, et surtout de notre humanité.

1. Pour cette conclusion, j'ai repris la coquetterie de Mick Levy, l'auteur de la préface, consistant à écrire « iA » avec un « i » minuscule pour mettre en avant le fait que l'Intelligence (avec un « I » majuscule) devrait rester l'apanage de l'humain.

Le danger ne réside pas tant dans l'iA elle-même, mais dans notre propension à déléguer aveuglément notre intelligence, nos responsabilités, nos décisions. En cela réside la véritable pomme de la tentation : la facilité de confier à une entité artificielle ce qui devrait rester l'apanage de notre propre jugement. Le défi se pose dans le discernement de ce que nous devons garder sous l'arbitrage de notre intelligence humaine, pour empêcher que l'ascension de l'intelligence artificielle n'entraîne le déclin de notre propre esprit, tel un jeu de vases communicants où l'un ne doit pas se vider au profit de l'autre.

En tant que marketeurs, nous sommes en première ligne et à un carrefour où l'iA nous oblige à repenser nos méthodes de travail, nos décisions et notre vision même de l'intelligence. L'iA, comparable à un stylo, se transforme selon son utilisateur. Dans la main d'un écrivain, elle nous conte une ingénieuse histoire ; dans celle d'un artiste, elle devient une magnifique œuvre ; dans celle d'un musicien, une partition mélodieuse ; et dans celle d'un ingénieur, une conception innovante. Mais dans la main d'un individu au cerveau atrophié, incapable de générer ses propres réflexions, critiques ou idées, elle pourrait simplement copier et reproduire les créations des autres. Et dans celle d'un être malveillant, elle pourrait devenir une arme physique ou psychologique pour propager mensonges et propagande. Cependant, devons-nous interdire les stylos… ? Évidemment, non.

L'iA est ce stylo, mais avec une puissance sans précédent à notre disposition et accessible à tout être humain sachant parler et écrire. Cependant, deux distinctions fondamentales séparent l'iA du stylo. La première, c'est que dès notre plus jeune âge, nous apprenons à manier et à utiliser au mieux le stylo. La seconde, c'est que son utilisation est soumise à des réglementations visant à prévenir certains abus, protégeant ainsi ses créateurs et utilisateurs. Aujourd'hui, face à l'iA, nous sommes plongés dans un « nouveau western », rappelant les premiers jours d'Internet.

Comme ce stylo ou le marteau de Luc Julia, nous devons en garder le contrôle et elle doit rester au service de notre intelligence, et non l'inverse. C'est dans un fragile équilibre que réside le véritable pouvoir de l'iA, incarnant non pas le remplacement de l'humain mais sa capacité à compléter, stimuler et, *in fine*, transcender nos propres capacités.

Ainsi, à l'image du septième aveugle de la fable dont la perspective est encore inconnue, nous sommes encouragés à continuer d'explorer et de réfléchir sur l'iA, en écoutant les différentes perspectives. L'avenir de l'iA est indissociable de notre propre évolution en tant qu'êtres humains. Que choisirons-nous donc de déléguer, et que conserverons-nous précieusement ?

Maintenant que vous avez quelques clés pour dompter la vague de l'iA, êtes-vous prêt à aller encore plus loin ? Si la curiosité et l'envie de prolonger cette conversation et de débattre entre humains vous animent, je vous invite à me retrouver sur www.centaure-marketing-ia.fr ou sur LinkedIn. Une chose est sûre : l'avenir de l'iA est une terra incognita.

Et pour conclure définitivement ce livre, je vous invite à refaire un quiz. Après avoir surfé sur les vagues tumultueuses de l'IA avec moi, voyons comment votre perception a évolué... ou pas !

http://dunod.link/whp5taj

Pour aller plus loin

Afin d'éviter de vous submerger dans le jargon technique et de vous présenter un inventaire à la Prévert de l'IA, je vous invite à découvrir mon « lab » sur www.centaure-marketing-ia.fr, où vous trouverez entre autres :

- **Un guide complet sur les diverses formes d'IA**, retraçant l'histoire de cette révolution technologique, offrant des perspectives sur Alan Turing, et des méthodes ludiques pour expliquer l'IA à tout un chacun.
- **Des analyses**, telles que le paradoxe de Moravec et le lien symbolique de la pomme de Blanche-Neige à Apple.
- **Deux lexiques** pour démêler le jargon du marketing digital et de l'intelligence artificielle.

De cette approche hybride, j'ai conservé l'essentiel dans ce livre ; envoyez-moi un e-mail à centaure.marketing.ia@gmail.com, et vous recevrez les ressources complémentaires comme les interviews intégrales et les contributions complètes. Ce contenu comprend les éléments suivants.

Interviews intégrales avec des experts de l'IA et autres domaines

- **Experts de l'IA** : Luc Julian, Nicolas Babin et Jean-Gabriel Ganascia.
- **Divers domaines** : Benjamin Dehant (*design thinking*), Jean-Baptiste Delame (expert SEO), Luc de Brabandere (philosophe), Flavien Chervet (dresseur de C-Borgs), Paul Mouginot (IA x Art), Fernanda Arreola (professeure et chercheuse), Delphine le Serre (*founder* et *president* – EdHu2050), Mathilde Saliou (journaliste et auteure), Samuel Durand (auteur de documentaires), ChAIshire (mon ChatGPT).

Contributions complètes

- **IA et tarification** : George Boretos
- **Transformation numériques** : Linda Grasso
- **Les cinq murs de l'intelligence artificielle** : Bertrand Braunschweig
- **Numérique respectueux de l'humain** : Angélique Gérard

Bonus : retrouvez les pompts pour générer un prompt et les instructions personnalisées.

87014 -I- OSB 90 -NOC - MPN
DUPLIPRINT
733, rue Saint-Léonard, 53100 MAYENNE
N° 2992731C
Dépôt légal : septembre 2024
Imprimé en France